ÉCRIVEZ
VOS
MÉMOIRES

Données de catalogage avant publication (Canada)

Liechtele, Sylvie

   Écrivez vos mémoires: laissez l'histoire de votre vie en héritage
   Comprend des références bibliographiques

   1. Autobiographie - Art d'écrire. I. Deschênes, Robin. II. Titre.

CT25.L53   1996   808'.06692   C96-940717-3

DISTRIBUTEURS EXCLUSIFS:

- Pour le Canada et les États-Unis:
  LES MESSAGERIES ADP*
  955, rue Amherst
  Montréal, Québec
  H2L 3K4
  Tél.: (514) 523-1182
  Télécopieur: (514) 939-0406
  * Filiale de Sogides ltée

- Pour la Belgique et le Luxembourg:
  PRESSES DE BELGIQUE S.A.
  Boulevard de l'Europe 117
  B-1301 Wavre
  Tél.: (10) 41-59-66
       (10) 41-78-50
  Télécopieur: (10) 41-20-24

- Pour la Suisse:
  TRANSAT S.A.
  Route des Jeunes, 4 Ter
  C.P. 125
  1211 Genève 26
  Tél.: (41-22) 342-77-40
  Télécopieur: (41-22) 343-46-46

- Pour la France et les autres pays:
  INTER FORUM
  Immeuble Paryseine, 3 Allée de la Seine
  94854 Ivry Cedex
  Tél.: (1) 49-59-11-89/91
  Télécopieur: (1) 49-59-11-96
  Commandes: Tél.: (16) 38-32-71-00
              Télécopieur: (16) 38-32-71-28

Dépôt légal: 3e trimestre 1996
Bibliothèque nationale du Québec

ISBN 2-7619-1345-0

ÉCRIVEZ
VOS
MÉMOIRES

Laissez l'histoire
de votre vie en héritage

SYLVIE LIECHTELE
ROBIN DESCHÊNES

LES ÉDITIONS DE
L'HOMME

À Izabo, notre fille, pour qu'elle se souvienne de nous.

À Renée, la mère de Sylvie, qui n'a pas eu le temps de raconter sa vie.

À René, le père de Sylvie et à Moïsette et Rosaire, les parents de Robin,
pour les encourager à laisser des traces de leurs souvenirs.

PRÉFACE

Sans trop m'en rendre compte, me voici devenu arrière-grand-père. C'est une de mes petites-filles qui m'a fait ça! Je n'en suis pas du tout malheureux, bien au contraire, car il me semble que ce titre me permet des audaces que je n'avais pas auparavant, par exemple, celle d'accepter de préfacer un ouvrage dont le but avoué est de mettre des gens à l'œuvre, de les faire raconter, en écrivant, leurs souvenirs d'enfance, d'adolescence, et même leur cheminement de carrière et de vie. Cela n'a rien de prétentieux et l'exercice en vaut la peine. Je suis prêt à témoigner qu'ils en éprouveront un élan de vitalité incroyable qui viendra neutraliser l'effet accablant des années. L'enfant, l'adolescent et le jeune adulte qu'ils étaient leur imprimeront une énergie nouvelle et leur rendront leur sérénité d'antan.

Je vous parle par expérience: ce fut là mon projet de retraite lorsque j'ai quitté Radio-Canada à l'âge de 60 ans. L'enchantement de renouer avec le petit gars de la Montagne Pembina que j'étais, en pleine dépression des années 30 au Manitoba, fit de moi son médium. Jour après jour, il me dictait sa passion de vivre au sein d'une famille nombreuse et d'une collectivité aux personnages colorés et réjouissants. Un bavard se tait... pour écrire, *paru aux Éditions du Blé, au Manitoba, répondait en fait à bien des questions que vous posent les auteurs du présent ouvrage qui s'adresse à tous ceux et celles qui devraient cesser de parler de leur passé et mettre enfin tout ça sur papier!*

Quelques années plus tard, un second volume, consacré davantage au cheminement de ma carrière sous le titre Le cœur de l'arbre, *le bavard récidive, me plaça en présence de mon moi adulte, beaucoup plus réticent à livrer ses confidences.*

Mais, quelle ne fut ma satisfaction de me retrouver parmi tous ces gens merveilleux que j'avais côtoyés! J'aurais tout à fait raison de parler de ce défi à relever comme d'une thérapie bienfaisante pour éviter d'éprouver, en «tombant» à la retraite, le triste sentiment de l'inutilité.

Si j'avais eu le présent «guide d'écriture» entre les mains, ma tâche aurait été certainement sensiblement allégée, mais il faut croire que je suis de la génération des «patenteux» d'autrefois, de ces autodidactes qui, en véritables artisans, devaient inventer et fabriquer leurs propres outils. Heureusement, un bon vieux «cours classique» chez les jésuites me donna les moyens de m'improviser animateur d'une radio française naissante dans l'Ouest canadien en 1946 puis, quelques années plus tard, de la première antenne de télévision au Canada.

Mais, n'avons-nous pas tous été les apprentis sorciers de notre propre destin? N'en sommes-nous pas tous à faire l'apprentissage de nous-mêmes, depuis nos premiers balbutiements jusqu'au terme d'une vie qui nous a permis de mesurer les talents qui nous avaient été confiés? C'est cela, en fait, qu'il faut tenter de redécouvrir en fouillant dans nos souvenirs. N'ayons pas peur de monter au grenier, de consulter tous les documents qui nous tombent sous la main et d'ouvrir les tiroirs des années passées: lettres, photos, missels anciens aux prières jaunies par le temps, aux images d'un autre âge, aux pensées tendres de notre enfance. Il n'y a rien de plus agréable et de plus salutaire que de forcer la porte des réminiscences pour pénétrer dans le jardin secret qui nous vit gambader et sourire à la vie.

Dans cet ouvrage présenté par Sylvie Liechtele et Robin Deschênes, un jeune et merveilleux couple universitaire, pensant à nous d'un âge plus avancé, les auteurs ont mis leur savoir, leurs compétences, leurs talents de chercheurs à notre service. Ils nous aident à préparer ce qui pourrait être la plus belle aventure que nous puissions entreprendre pour laisser des traces, nos traces, avant que les vagues ne viennent lécher la plage de nos souvenirs. Livrer à nos enfants, à nos petits-enfants, à notre entourage, à notre milieu, ce regard sur notre passé pourrait devenir le fleuron de notre existence.

Rappelons-nous que la grande histoire est constituée de faits, de gestes, d'événements vécus par des humains comme nous qui n'ont pas toujours été libres de se laisser emporter par le grand tourbillon de la gloire ou de la déchéance.

Une vie simple, harmonieuse, ponctuée de moments de tristesse et de périodes d'enchantement, n'aurait-elle pas aussi le droit de passer à la postérité?

Merci Sylvie! Merci Robin! Suivez le guide, mesdames et messieurs!

Henri Bergeron

INTRODUCTION

Un cadre ancien dont l'ovale aux limites floues entoure le visage de grands-parents qu'il ne nous a pas été donné de connaître. Qui étaient-ils en réalité? Quelle vie ont-ils menée? Dans un album, mon regard s'arrête sur une photo où la silhouette d'une femme en pleine force de l'âge se dessine. Qui était-elle? Une mère, ma mère. Quelles furent ses joies, ses chagrins, ses appréhensions? Questions douloureuses qui sont montées à nos lèvres et sont restées sans réponse. Vous aussi avez certainement connu ces disparitions auxquelles vous n'étiez pas préparé. En vieillissant, vous voyez le clan familial se disloquer petit à petit et vous cherchez en vain le fil qui vous attachait les uns aux autres: vos racines. Bien sûr, la généalogie nous aide à retracer nos racines. Mais des noms défilent sans âme, sans émotions... Voilà le point de départ et de réflexion qui nous a poussés à écrire ce livre. En effet, nous voulions donner un outil à ceux qui désirent laisser une trace, l'histoire de leur vie, à ceux qu'ils aiment.

Dans les années 70, la génération des baby-boomers a repoussé du revers du cœur tout ce qui se rapportait de près ou de loin à la famille. Ce déchirement a provoqué des blessures, a entraîné des changements de structure familiale. Quelques années plus tard, cette génération reconstruit la même cellule qui les a vu naître et se questionne sur ses origines. Or écrire ses mémoires remplit ce vide. Nous nous sommes dit que nous aurions été heureux d'avoir eu en héritage l'histoire de la vie de ceux qui nous ont précédés sur cette terre. Vous aussi, nous en sommes sûrs. Et puis vous aussi, tout comme nous, serez ou êtes déjà le grand-père ou la grand-mère de petits-enfants qui seront heureux et curieux de lire vos mémoires et de faire un voyage avec vous, le voyage de votre vie avec ses joies, ses peines, ses déceptions, ses espoirs.

Cet ouvrage va vous conduire étape par étape à la création de vos propres mémoires, ceux que vous laisserez en héritage à vos enfants et à vos petits-enfants afin qu'ils ne se heurtent pas un jour, comme nous aujourd'hui, au mur de l'ignorance. Ils auront ainsi en main l'histoire de leur famille, des petits et des grands moments qu'elle a traversés.

La préparation à ce grand voyage dans le temps sera la première étape. Puis, nous vous conduirons à la source des souvenirs. Nous emprunterons ensemble les chemins de la mémoire, celle de vos ancêtres, de vos parents, pour finalement entrer dans votre propre vie. Ensuite, nous vous montrerons comment conjurer la peur de l'écriture et transformer les images, les odeurs et les sons en mots puis en phrases grâce à des petits conseils d'écriture. Pour terminer, nous chercherons ensemble une façon adéquate et personnelle d'habiller cet éclat de vie légué à vos enfants et à votre famille.

Quel que soit le temps, l'énergie ou l'argent que vous consacrerez à ce projet, cette partie d'intériorité qui se détache de vous est la plus belle semence que vous puissiez planter dans votre terre, la famille, afin que se perpétuent et se tissent des liens primordiaux avec les générations futures.

> *Je forme une entreprise qui n'eut jamais d'exemple,*
> *et l'exécution n'aura point d'imitateur. Je veux montrer*
> *à mes semblables un homme dans toute la vérité*
> *de sa nature; et cet homme, ce sera moi.*
>
> JEAN-JACQUES ROUSSEAU

LA PRÉPARATION

Vous avez probablement déjà connu l'excitation qui entoure la préparation d'un événement, l'effervescence qui le précède et l'attente angoissante et irraisonnée du jour J. Ces moments-là sont généralement les meilleurs. Un projet tel que la rédaction de mémoires entraîne les mêmes états d'âme, mais le chemin qui mène à sa réalisation demande avant tout de l'organisation, de la méthode et de l'enthousiasme! Sans aucun doute, les préparatifs sont un support nécessaire et majeur. En réglant à l'avance les problèmes pratiques, vous ferez place nette et serez plus réceptif aux souvenirs. Ainsi, dans la première partie, nous allons nous pencher sur les outils dont vous avez besoin, sur l'organisation du temps, sur l'apprentissage d'un nouveau jeu — le puzzle de votre vie—, et sur les premiers instants de cette aventure.

Un préalable: les outils

Tout comme un artiste peintre a besoin de pinceaux et de tubes de peinture, vous aurez besoin d'instruments qui vous aideront et vous stimuleront.

Nous vous conseillons:
- un classeur (cahier à anneaux);
- des feuilles mobiles;

- une boîte de crayons de couleurs qui vous serviront à inscrire des repères visuels sur vos feuilles, par exemple, un point rose pourra identifier les écrits sur l'enfance;

- des index séparateurs pour classer les feuilles par sections;

- un petit carnet de notes, votre fidèle compagnon, pour y consigner vos souvenirs n'importe quand, n'importe où;

- un écritoire à pince pour écrire à l'extérieur;

- de grandes enveloppes ou encore une chemise en accordéon pour ranger les photos et pour classer les documents importants.

L'emploi du temps: une contrainte nécessaire

De nos jours, le temps est une denrée rare et difficile à gérer. Trop de diversions dans la vie moderne nous détournent bien souvent des buts que nous nous sommes fixés. Pour éviter de vous disperser, établissez un emploi du temps tout comme les professionnels de l'écriture le font.

Pour cela, vous devez vous demander à quels moments de la journée vous êtes le plus créatif. En faisant des essais d'écriture à différentes heures, vous découvrirez si vous êtes matinal et plus productif durant le jour, par exemple. Vous pourrez ensuite décider quels jours de la semaine vous conviennent le mieux. Afin de mener à bien la rédaction de vos mémoires, il vous faut planifier une période de deux ou trois heures, un ou deux jours par semaine. Inscrivez-les dans votre agenda. La clé du succès réside dans la régularité. Cependant, vous pouvez décider d'un tout autre horaire consacré à l'écriture, par exemple une heure tous les jours. Cette méthode exigeante se transformera au bout d'un certain temps en besoin et en plaisir. La table de travail et son environnement deviennent plus familiers et des liens d'intimité se créent, facilitant ainsi votre tâche d'écrivain. Dans votre salon, vous avez instinctivement choisi un fauteuil ou un espace en particulier dans lequel vous vous sentez bien. De la même manière, essayez de créer une atmosphère agréable dans la pièce où vous travaillerez, en y buvant le café du matin par exemple, confortablement installé devant une feuille de papier ou un ordinateur. Pourquoi ne pas y lire le journal? Tous ces gestes finiront par s'intégrer à votre rituel et le temps consacré à l'écriture en fera partie. Arrangez-vous pour faire de ce moment-là une partie de plaisir!

Si vous aimez pratiquer une activité physique, programmez-la avant votre travail intellectuel. Non seulement elle accroît la concentration, mais vous pouvez aussi profiter de ces instants d'activités pour penser librement à la journée qui commence, ou qui se termine. Faites un retour en arrière sur ce que vous avez écrit. La visualisation du chemin parcouru est très stimulante. De plus, la détente qui succède à cette période active calmera vos angoisses d'écrivain.

Si vos enfants sont inscrits à des cours, profitez de ces moments de solitude pour écrire. En effet, cela demande de la concentration, donc fermez votre porte et ne vous laissez déranger sous aucun prétexte, sauf en cas d'urgence. Décrochez le téléphone ou branchez le répondeur. Veillez à garder votre aire de travail en ordre pour être plus efficace.

Chaque semaine, décidez sur quel aspect ou sur quelle période de votre vie vous allez écrire, cela facilitera le travail conscient ou inconscient de votre esprit. Pour vous y préparer, établissez un petit calendrier dans lequel, par exemple, vous inscrivez les différentes séquences de votre vie auxquelles vous ferez correspondre des semaines de travail. Mais, avant toute chose, dites-vous que l'emploi du temps que vous vous fixez est élastique. Vos objectifs doivent être réalistes et surtout révisables. Ne vous imposez pas la date où vous inscrirez le mot «fin» sur le manuscrit. Ces trois lettres existeront sur le papier quand ce sera le temps, votre temps à vous, celui dans lequel vous serez à l'aise et heureux.

L'apprentissage d'un nouveau jeu

De prime abord, écrire vos mémoires peut vous paraître une tâche immense et quasi insurmontable. Voyez plutôt cette entreprise comme un jeu. Peu importe la vie que vous avez eue, elle ressemble certainement à celle de millions de gens: son parcours est chaotique, plein de rebondissements, de surprises, de peines et de joies. Elle est comparable à un immense casse-tête dont les innombrables morceaux jonchent pêle-mêle votre mémoire. L'aire de travail devient alors une salle de jeux où, régulièrement, vous essayez de replacer les pièces éparses; peu importe celle que vous poserez en premier. Cette activité ludique ne doit avoir d'autre but que le plaisir qu'elle procure. Ne la prenez pas trop au sérieux, elle deviendrait fastidieuse et ennuyante, comme un devoir à accomplir. Abordez l'histoire de votre vie en souriant! Ce guide vous y aidera en vous donnant les règles du jeu.

La case Départ

Le grand jour est arrivé. L'excitation est palpable, vous avez à la fois hâte de commencer et peur d'échouer. N'oubliez jamais que seul votre plaisir est en jeu.

Vous allez vous lancer dans une aventure merveilleuse et gratifiante. Avant l'étape de la rédaction, vous avez un chemin primordial à parcourir. Si vous aimez un environnement musical, rien ne vous empêche de créer un climat agréable avec une musique pour vous accompagner. Pour commencer, rédigez la liste des personnes auxquelles vous ferez part de votre projet au cours de réunions familiales (mariages, baptêmes, anniversaires de mariages, Noël, etc.). Vous avez aussi la possibilité d'utiliser la voie postale! Une lettre personnelle envoyée à ceux dont vous aurez besoin, de près ou de loin, est une très belle attention. Invitez-les à vous aider. Empruntez-leur temporairement des photos ou des lettres. N'ayez crainte, leurs réactions seront la plupart du temps très positives et enthousiastes.

Ce travail de recherche est la véritable base de vos mémoires. Le temps qui y est consacré devrait être surtout teinté de liberté: liberté de penser, de rêver, de noter tout ce qui traverse votre esprit. Ne vous souciez pas pour l'instant de la forme que prendront vos mémoires. L'objectif n° 1 est de placer votre esprit dans un état de réceptivité, d'émotivité et de disponibilité.

DEUXIÈME PARTIE

À LA RECHERCHE
DE LA MÉMOIRE

Ce qui touche le cœur se grave dans la mémoire.

VOLTAIRE

Cette citation dépeint l'une des facettes de la mémoire: la mémoire des émotions. C'est par elle que vous rejoindrez le passé et les souvenirs qui s'y rattachent. Elle est aussi vaste que le cœur. Pas étonnant que vous vous y soyiez perdu. Prenons exemple sur le Petit Poucet et cherchons ensemble les minuscules cailloux blancs que l'esprit a semés pour orienter et pour guider nos pas sur le chemin du retour. Dans un premier temps, nous vous les ferons voir. Certains se trouvent sur votre route: un grenier, des tiroirs, des lettres... D'autres sont nichés dans la conscience extérieure: ouvrages autobiographiques, événements historiques, etc. De concert, ils vous emmènent tous dans un grand voyage au pays des ancêtres, voyage qui conduit sur la seule voie possible: celle de votre mémoire. Suivant le passé de chacun, ce retour en arrière prendra des couleurs différentes. Pour certains, il sera douloureux et ouvrira d'anciennes blessures enfouies au plus profond de leur cœur. Pour d'autres, il sera joyeux et renforcera leur joie de vivre.

1

UN RETOUR AUX SOURCES

Il existe une multitude de documents, d'écrits ou de sources d'information qui peuvent raviver votre mémoire et lui permettre de naviguer à travers le temps. En les utilisant, ils vous conduiront naturellement vers le passé.

Les tiroirs à souvenirs

Nous avons dressé une liste pratique des différentes sources de souvenirs pour diriger vos recherches. Cependant, cet objet de référence ne peut être qu'un des outils suggérés pour stimuler la mémoire. Écrire l'histoire de votre vie n'est pas une course contre la montre. Vous avez mis du temps pour atteindre l'âge que vous avez. Soyez indulgent avec vos souvenirs, ne les bousculez pas. Ils sont faits d'odeurs, de goûts, de couleurs, de mots et de lieux. Ils surgissent doucement lors d'une promenade, d'un voyage; essayez d'y être attentif. Certains paysages vous rappelleront certainement des endroits de votre enfance. Après une pluie d'été, l'odeur de la terre mouillée vous entraînera sur les chemins terreux que vous parcouriez avec votre grand-père. Qui n'a pas vécu ce genre d'associations d'images ou d'odeurs! Notez-les soigneusement dans votre carnet de notes. Elles sont primordiales, parce que sensitives.

Vous pouvez vous aider avec la liste suivante. Vous pourrez consulter toutes ces sources documentaires répertoriées et classées suivant la période et leur utilité.

acte de décès

acte de mariage

acte de naissance

agendas

articles de journaux

baptistaires

bibliothèque municipale

bibliothèque personnelle

boîte à photos

bulletins scolaires

calendriers annotés

cassettes audio

correspondance

diplômes

dossier de succession

dossier d'immigration

épitaphe

faire-part

films amateurs

journal intime

jugement de divorce

passeports

permis divers

registres paroissiaux

rubriques nécrologiques

société historique de votre ville

testaments

Avant d'aller plus loin dans votre travail, il serait pertinent de constituer un arbre généalogique sommaire que vous complèterez tout au long des entrevues réalisées avec les membres de la famille. Vous le placerez à la fin de l'ouvrage afin que les lecteurs puissent le consulter à loisir. De plus, cela leur permettra d'avoir une vision globale de votre famille, de vos ancêtres et de vos descendants. La recherche de documents que vous venez d'effectuer vous aidera considérablement dans cette tâche.

Quelques indiscrétions

Entrouvrir un ouvrage autobiographique a toujours quelque chose d'indiscret, même si l'auteur nous y autorise. Il dévoile une partie de sa vie. De la même façon, vous allez laisser pénétrer les lecteurs chez vous, sur la pointe des pieds; il reste toujours un territoire réservé aux maîtres de maison; votre pudeur le délimitera. Le style de ce récit est donc tout à fait particulier et le ton nécessairement intimiste.

En annexe, parmi une sélection de plus de 150 autobiographies, vous en choisirez quelques-unes selon vos goûts et vos critères personnels, que les auteurs soient de votre âge ou qu'ils vous ressemblent. En plus de vous placer en situation, le fait de lire des passages de la vie des autres aura un pouvoir de remémoration. Par exemple, un auteur évoquant le rationnement qu'il a connu pendant la guerre vous rappellera sûrement votre propre expérience lors de ces temps difficiles, si vous les avez vécus, bien entendu. En outre, vous lirez ces mémoires en étant attentif à leur forme, car vous vous apprêtez à rédiger les vôtres. Tout au long du guide, des extraits, disposés ici et là, vous présenteront des personnages ou des événements particuliers. Ils illustreront l'importance que l'auteur leur a donnée, et la façon dont il les a dessinés par le biais de l'écriture.

Le paysage historique, social et politique

En plus de vivre sa propre histoire, tout individu participe à l'histoire, qu'elle soit petite ou grande, connue ou inconnue. Vous êtes un maillon de la chaîne, un membre de la société dans laquelle vous vivez. Même si vous pensez ne pas pouvoir influencer l'environnement social, il a malgré tout un impact très fort sur vos comportements face à la société, à la politique ou tout simplement face à la consommation. Même vos idées sont imprégnées de la couleur du temps. Si vous aviez 20 ans au début du siècle, les fiançailles ont certainement été la première étape à franchir avant de vous marier. En revanche, vos enfants partagent aujourd'hui leurs vies et leur intimité beaucoup plus rapidement sans formalités, et bien souvent aussi, sans votre accord!

Pour ces raisons, nous avons cru intéressant de placer à la fin de ce guide un tableau chronologique des événements qui se sont produits dans le monde de 1900 à 1995. Ils peuvent vous paraître anodins, par exemple, la découverte de la cellophane, ou majeurs, comme la Deuxième Guerre mondiale. Il ne peut y avoir d'échelle de grandeurs dans les souvenirs. Ce sont les vôtres et ils sont tous importants, à vos yeux et pour vos descendants. Vous ferez certainement sourire vos petits-enfants lorsque vous leur décrirez votre première tentative pour emballer les aliments avec une pellicule transparente qui s'étire!

Cette liste de référence vous fait voyager dans les découvertes scientifiques, sur les grandes scènes historiques où les acteurs ont bouleversé l'ordre mondial.

Vous pénétrez aussi l'imaginaire changeant d'époques et de pays divers grâce à la magie du septième art: les titres de films marquants y sont inscrits. Une telle traversée dans le XXe siècle joue un rôle de catalyseur qui fera ressurgir d'autres souvenirs tout au long de la rédaction de vos mémoires.

2

UN VOYAGE DANS LA MÉMOIRE DES ANCÊTRES

Ils n'ont pas vécu en vain ceux qui sont venus avant nous puisque nous sommes ici.

YVES THÉRIAULT, *AARON*

À cette étape du voyage, vous allez vous attarder à l'incontournable existence de ceux qui vous ont précédé. Sans eux, vous ne seriez pas en train d'écrire vos mémoires. La vie est une chaîne à laquelle les ancêtres appartiennent au même titre que vous. Que ce soit vos parents, un membre de la famille ou un ami, prenez le temps de les rencontrer, même s'ils font partie d'une autre génération. Ils ont beaucoup de choses à vous apprendre. Vous ne pouvez les éviter, car, en les reniant, c'est votre propre vie que vous repousseriez. Certains vous ont donné leur chair et leur sang, et qui plus est, vous servent de refuge quand vous doutez de tout, de vous y compris. Les personnes âgées vous ont transmis ce qu'elles ont appris. Ce ne sont pas des leçons de morale, plutôt des leçons de vie transmises avec l'intention généreuse de vous éviter les malheurs qu'elles ont vécus, sans pour cela vous dévoiler la dure réalité.

Telle est la vie des hommes:
quelques joies très vite effacées par d'inoubliables chagrins.
Il n'est pas nécessaire de le dire aux enfants.

MARCEL PAGNOL, *LE TEMPS DES SECRETS*

Cette étape du livre sera très certainement remplie d'émotions. Qui ne serait pas ému par les éclairs de tristesse ou de joie qui passeront dans les yeux de vos parents et de vos grands-parents pendant leurs confidences tendres et retenues sur un passé qui leur semble si proche. Et pourtant...

Vos grands-parents

Non loin du crépuscule de la vie, les personnes âgées se projettent leurs souvenirs, inlassablement. Le futur est derrière eux. Ils vivent par procuration à travers vous. Leur plus grand bonheur est de partager le temps qui reste avec leurs petits-enfants. Il vous sera facile d'entrer dans leur intimité et de capter des bribes du passé. Curieux et intrigué, vous avez certainement beaucoup de questions à leur poser. Préparez-les soigneusement de façon à ouvrir la discussion et à provoquer un effet d'enchaînement d'idées. Si vos grands-parents sont décédés, questionnez vos parents (ou ceux qui les ont connus) à leur sujet. Demandez-leur qui ils étaient, comment ils vivaient. Essayez de recueillir des anecdotes. Finalement, par personne interposée, retracez leur vie affective et sociale. Fouinez dans les albums de photos de vos parents. Vous y trouverez une vraie mine d'or concernant vos ancêtres. Demandez la permission de les emprunter. Ces photographies, jointes à la liste de questions, permettront à leur mémoire de se raviver. Celle de leur mariage, par exemple, leur fera raconter cet événement empreint d'une atmosphère tout à fait différente et surprenante. Vous vivrez cet instant-là comme ils l'ont vécu, avec émotion et avec joie. Même si la description de ces moments privilégiés est délicate, essayez de coucher quelques mots sur le papier. Lors de la rédaction finale, ils prendront forme et donneront à vos mémoires ce ton de vérité et d'intimité qui en fera un héritage de prix.

Petit aparté: vous retrouverez tout au long de ce guide, comme un leitmotiv, les mots «émotions» et «sentiments». Ils font partie intégrante d'une autobiographie: le récit d'une vie ne peut être un collage de faits, brut et froid. Nous recommandons une approche pudique et discrète des gens que vous désirez interroger. Ils vous livreront d'autant plus facilement leurs secrets s'ils ne se sentent pas agressés. Sentiments, douceur et discrétion sont, d'après nous, des éléments qui devraient tenir une place importante dans la rédaction de mémoires.

Tout en préparant la liste de questions, des anecdotes concernant vos grands-parents feront surface. Demandez-leur de vous les raconter et notez-les. Chaque individu ayant sa vérité, leur version sera probablement différente de la vôtre ou de ceux qui ont participé à ces événements. La stimulation provoquée par ces questionnements vous conduira sur la voie de souvenirs communs enfouis dans la mémoire de l'enfant que vous étiez. À travers vos grands-parents, vous redécouvrirez votre passé. Fixez-leur un rendez-vous lorsque vous êtes fin prêt, en gardant en tête l'idée de recréer une atmosphère chaleureuse. Consacrez suffisamment de temps à cette rencontre. Une idée parmi tant d'autres: pourquoi ne pas passer la journée entière en leur compagnie? Faites-leur et faites-vous plaisir. S'il vous faut un prétexte, la recherche de souvenirs pour votre livre en est un! Promenez-vous dans les lieux qu'ils ont fréquentés au temps de leur jeunesse; celle-ci défilera dans leur regard et dans leur cœur, ils entrouvriront la porte pour vous, plus tard. À midi, invitez-les au restaurant ou à la maison.

Cette journée particulière favorisera les échanges intimes sur une note de tendresse partagée. Il est bien évident qu'un jour n'est pas suffisant pour survoler toute une vie d'amour, de labeur, de détresse ou de joie. En décidant de faire un retour sur vos origines, vous prenez aussi plaisir à remonter le cours du siècle en compagnie de vos ancêtres. Ce seront des instants de vie dont vous vous souviendrez longtemps. Prenez tout le temps nécessaire. Faites le tour de leur jardin secret en leur compagnie et à leur rythme!

Dans ses mémoires, Albert Rioux (sous-ministre québécois de l'Agriculture et de la Colonisation sous Maurice Duplessis) trace le portrait passionnant de l'ancêtre la plus âgée qu'il ait connue. Au cours de ses visites successives, il questionne son arrière-grand-mère sur l'histoire du Québec du XIXe siècle. Ce furent les plus beaux cours d'histoire de sa vie! Et d'inoubliables moments d'intimité... De ces entretiens naquit son goût pour l'histoire et pour la politique.

En voici un extrait:

> J'ai connu une dame qui a passé sa jeunesse avec des survivants du régime français. Mon arrière-grand-mère, Lucie Bélanger, naquit en 1820. Son grand-père, des grands-oncles, d'autres vieux et vieilles de Trois-Pistoles avaient dépassé la vingtaine lors de la conquête. Certains avaient couru les bois pour les marchands de fourrure. Quelques-uns avaient défendu Québec avec Montcalm, rencontré Vaudreuil, Bigot et d'autres gros bonnets du temps. Durant de longues soirées d'hiver, on évoquait les souvenirs du passé. Mon aïeule avait entendu et suscité d'innombrables conversations sur la domination et la défaite de la France.
>
> Sa dernière visite en 1915 reste un souvenir inoubliable. À 95 ans, elle était encore alerte, avec des yeux pétillants, l'ouïe fine, la langue déliée, la mémoire fidèle et un esprit toujours en éveil. J'avais un examen à préparer sur l'époque de la conquête. Je questionnai cette histoire vivante documentée par une tradition orale fraîche. Elle m'apprit que ça ne marchait pas bien pendant les années du régime français. Les Canadiens et les Français ne s'entendent pas. Les «habitants» critiquent les ordonnances de Paris. Des spéculateurs s'enrichissent aux dépens de la colonie. La France n'envoyait pas assez de renfort. L'héroïsme des défenseurs ne pouvait pas triompher des dissensions internes et des forces ennemies dix fois supérieures. La nouvelle de la capitulation du Québec se répandit comme un glas dans les campagnes. Le stupide incendie des fermes accentua le sentiment antibritannique de nos ancêtres qui se cramponnèrent au sol autour de leurs clochers. Et la vie continua... C'est à partir de cet examen que je fus le premier de ma classe en histoire et que je lus les ouvrages de Garneau, Chapais, Groulx et Rumilly.

Lucie Bélanger et son mari, Georges Rioux, donnèrent à leur pays 13 garçons et 7 filles. Dix-huit se marièrent et eurent, pour la plupart, de nombreuses familles. Celle de l'aîné, mon grand-père David, comptait 18 enfants. En mourant à plus de 95 ans, mon aïeule laissait une progéniture de 565 descendants vivants et berçait sa cinquième génération depuis seize ans. Je ne connais pas de meilleur exemple de la revanche des berceaux.

RIOUX, Albert. *Mémoires d'Albert Rioux,* Montréal, Éditions La Terre de chez nous, 1982, p. 15.

Qui que vous soyez, les souvenirs de vos grands-parents seront aussi passionnants que ceux que vous venez de lire. Soyez disponible, écoutez-les et vous captiverez vos lecteurs!

Aide-mémoire

À la fin de chaque étape, vous retrouverez cette rubrique. Elle consiste en une série de questions qui vous amèneront à la recherche de vos souvenirs. Vous aurez à les dévoiler par écrit. C'est à la fois un exercice de mémoire et d'écriture.

- Parlez des contacts que vous avez eus avec le plus vieux de vos ancêtres.
- Que savez-vous de vos arrière-grands-parents?
- Racontez une anecdote heureuse ou malheureuse les concernant.
- Si le cœur vous en dit, décrivez la journée où vos parents vous ont appris la mort de l'un d'eux.
- Quel est le plus beau souvenir que vous avez gardé d'eux? Pourquoi?
- Certaines personnes, n'ayant pas connu leurs ancêtres, font du bénévolat auprès de personnes âgées. Si tel est votre cas, pourquoi le faites-vous et qu'en retirez-vous?
- Si vos grands-parents possédaient un grenier ou une cave, racontez les richesses que vous y avez dénichées!

- Évoquez un événement au cours duquel ils vous ont particulièrement gâté.
- Essayez en une dizaine de lignes de brosser leur portrait physique pour nous les faire connaître en établissant un rapport avec la profession exercée. Les mains d'un agriculteur sont différentes de celles d'un clerc de notaire ou d'un cheminot.

Vos parents

Les 20 premières années d'une personne sont généralement encadrées et supervisées par une autorité supérieure: ses parents! Ils l'accompagnent dans sa croissance, toujours présents, prenant en charge ses besoins, ses désirs, ses peines. L'enfant demande la lune à ses parents. À la place, ils lui ont offert l'amour et partagé les nuits et les jours, ils l'ont recueilli et bercé dans leurs bras. Ils connaissaient tout de lui, du grain de beauté sur ses reins à ses peines d'amour. Mais cet enfant qui a grandi, a-t-il pris le temps de les connaître?

Écrire des mémoires pourra vous conduire à cette recherche émouvante. Le temps est venu de vous pencher plus en profondeur sur les secrets de vos parents. Certes, ils ont déjà évoqué certains souvenirs, probablement reliés à vous ou à vos frères et sœurs. Au cours des réunions de famille, ils ont entrouvert quelques portes sur un passé qui ne vous est pas complètement inconnu. Peut-être vous ont-ils déjà raconté comment ils s'étaient rencontrés? Demandez-leur d'évoquer l'époque où ils se fréquentaient. Profitez d'un moment d'intimité partagé avec eux, au cours du repas le dimanche soir, par exemple. Ensemble, ils seront plus à l'aise pour évoquer cette période. Ayez toujours à l'esprit leur appartenance à une autre génération, ce qui signifie une autre mentalité.

Les différences entre un père et une mère nuancent l'approche à privilégier pour chacun d'eux. La façon d'exprimer leur émotivité est généralement dissemblable. Vous devez en tenir compte pour obtenir des confidences et pour vous adapter à chaque personnalité. Les enfants ont parfois plus de contacts avec leur mère ou plus de facilité pour lui parler. Si tel est le cas, les occasions de communiquer avec elle sont nombreuses. Vous pouvez décider de préparer un repas avec elle. Pendant ce temps-là, dans le but d'aborder le sujet de sa jeunesse, demandez-lui quelle place elle prenait dans la cuisine de sa mère. De fil en aiguille, elle vous livrera plein de détails et d'anecdotes sur son passé. Répétez plusieurs fois ce genre d'expérience. Soyez discret et patient. Les confidences de votre mère viendront naturellement, elle vous dévoilera les plus marquantes.

Plus secret et réservé, votre père est peut-être un peu plus énigmatique. S'il est sportif, partagez une partie de pêche ou allez voir un match de hockey. C'est, par exemple, une bonne entrée en matière pour parler de l'importance des sports dans sa vie. De plus, une visite dominicale dans une librairie pourrait combler son appétit de lecteur: atmosphère idéale pour le rejoindre dans son intimité. Ses goûts littéraires vous en diront beaucoup sur lui.

Toutes ces suggestions ne vous conviennent peut-être pas. Adaptez-les à votre personnalité et à celles de vos parents. Elles sont données à titre d'exemple pour contrer l'insécurité que vous pourriez ressentir. Soyez sûr de vous. Votre imagination est débordante. Vous trouverez un grand nombre d'astuces pour qu'ils en viennent à vous raconter leurs vies!

Aide-mémoire

- Que savez-vous de l'enfance de vos parents?
- Comment vivaient-ils avant de se marier? De quel milieu venaient-ils?
- Décrivez-les physiquement à différentes époques de leurs vies.
- Racontez une anecdote qui les caractérise bien.
- Quelle éducation avaient-ils reçue?
- Quels emplois ont-ils occupés?
- S'engageaient-ils dans des causes humanitaires? Lesquelles?
- Quels sont les talents et habiletés dont vous avez hérité?
- Dépeignez les traits marquants de leur personnalité, leur plus grande qualité et leur plus grand défaut.
- Qui faisait figure d'autorité? Aviez-vous peur d'eux?
- Comment concevaient-ils l'éducation des enfants?

- Demandez-leur de vous parler des déceptions ou des tragédies qu'ils ont connues.
- Vous ont-ils transmis des valeurs importantes? Lesquelles?
- Sont-ils décédés? Si oui, essayez d'évoquer ces moments-là et la façon dont vous les avez vécus.

3

AU CŒUR DE VOTRE MÉMOIRE

Les souvenirs que vous venez d'évoquer, comme la mémoire de ceux que vous aimez, sont une parcelle de votre mémoire à vous. Pour cette raison, nous les avons abordés en premier, car ils conduisent naturellement à vous. La mémoire des premiers jours ne vous appartient pas, elle revient à ceux qui vous ont conçu. En revanche, dès l'enfance, les souvenirs vont imprimer en vous de la douceur, de la peine, de la violence ou de la joie, selon le milieu dans lequel vous avez vécu. Plus tard, l'adolescence vous permettra de revivre des moments uniques, par exemple, vos premiers émois amoureux. Au terme de la vie, malgré les marques laissées par l'âge adulte, la sérénité l'emportera certainement sur vos doutes et sur vos incertitudes.

L'enfance

> *Je rêve que l'enfance m'est rendue, et je secoue ma tête grise.*
> *Quoi, vous me hantez encore, images que je croyais*
> *depuis longtemps oubliées?*

ADABERT VON CHAMISSO, *LE CHÂTEAU DE BONCOURT*

La vie fait bien les choses: une partie de vous appartient à vos parents et leur appartiendra à jamais: l'attente de la naissance, vos premiers cris et leurs premières nuits blanches! Vous ne connaissez de tout cela que le jour et l'heure où vous avez fait irruption dans leur univers et dans le monde. Le reste, ils l'ont découvert avant vous: la couleur de vos yeux, de vos cheveux, bref tout ce qui fait qu'aujourd'hui, vous vous reconnaissez dans un miroir!

Revivez avec eux ces moments fabuleux de votre naissance et de vos premiers jours. Ils seront enchantés de les partager avec vous. De plus, en consultant les journaux de l'époque, vous pourrez découvrir des événements qui se sont produits lors de votre naissance. Ils situeront le contexte historique et politique. Servez-vous du tableau chronologique placé en annexe, il vous renseignera sur le niveau scientifique de l'époque. Par exemple, la vie de votre mère vous paraîtra sans doute plus héroïque lorsque vous vous rendrez compte que la machine à laver n'existait pas, encore moins les couches jetables.

Puis ils évoqueront les premiers souvenirs, peut-être une berceuse que l'on vous chantait, la présence de vos frères et sœurs, la couleur de votre chambre, etc. Les questions que nous avons pris l'habitude d'inclure à la fin des rubriques vous permettront de faire ressurgir ces images.

Dans son autobiographie, le célèbre écrivain anglais Agatha Christie peint un événement survenu lorsqu'elle avait trois ans: la présence d'une petite araignée rouge sur la nappe le jour de son anniversaire. Il est assez important et marquant pour qu'elle s'en souvienne. Cela vous semblera peut-être anodin, mais il fut important pour elle à cette époque. Vos anecdotes seront tout aussi essentielles que celle-ci.

Il est difficile de se rappeler son premier souvenir. Je revois distinctement mon troisième anniversaire. Je suis submergée par le sentiment de ma propre importance. Nous prenons le thé dans le jardin — cette partie du jardin où, plus tard, un hamac sera installé entre deux arbres. Il y a une table à thé surchargée de pâtisseries et mon gâteau d'anniversaire recouvert de sucre glace, avec ses trois bougies. Alors se produit l'événement capital de la journée: une minuscule araignée rouge, si petite que je la distingue à peine, se met à courir sur la nappe blanche et ma mère dit: «C'est une araignée *porte-bonheur* pour ton anniversaire,

Agatha!» Puis le souvenir s'efface, à part une réminiscence fragmentaire d'une interminable discussion engagée par mon frère qui veut savoir combien d'éclairs il aura la permission de manger.

CHRISTIE, Agatha. *Autobiographie,* Paris, Libre Expression, 1981, p. 19.

Avant de monter la prochaine marche de la mémoire, marquez un temps d'arrêt. Cette pause nécessaire va vous conduire dans le quartier de votre enfance. Une visite sur les lieux où vous avez couru, grandi, fait les 400 coups est le meilleur antidote à l'oubli si, bien évidemment, vous avez la chance de pouvoir y retourner.

Ainsi, en retournant sur votre terrain de jeux et d'apprentissage de la vie, vous serez surpris du résultat. Laissez-vous submerger par vos souvenirs sans oublier de les noter. De retour dans votre cadre de vie d'aujourd'hui, asseyez-vous à votre bureau, relisez les phrases brèves ou les mots que vous avez inscrits et tentez de rédiger un texte sous la forme d'une lettre à envoyer à vos enfants, lettre qui leur raconterait quelle petite fille ou quel petit garçon vous avez été. Lorsque viendra le temps de la rédaction, vous pourrez l'intégrer à vos écrits. Cette attention touchera particulièrement vos enfants.

Aide-mémoire

La section concernant votre mémoire étant cruciale, nous augmenterons ici le nombre de questions afin que le tour de votre jardin secret soit plus complet. À cette étape, plongez-vous dans les albums de famille, visionnez les diapositives ou les films que vos parents ou la famille ont en leur possession. Ils vous seront très utiles.

L'environnement familial

- Décrivez le milieu social dans lequel vous avez été élevé.
- Si vous aviez des frères et sœurs, quels étaient vos rapports avec eux?

- Notez vos activités quotidiennes (lecture, chant, musique, etc.), les tâches à accomplir, la discipline qui régnait à la maison.
- Y a-t-il un événement marquant dans votre enfance? Par exemple, un séjour à l'hôpital, un handicap particulier, une solitude difficile à vivre?
- Si vous avez perdu un de vos parents (maladie, divorce, guerre), quel effet cela a-t-il eu sur vous?
- Vous aviez probablement une histoire ou une comptine préférée. Laquelle et pourquoi? Essayez d'en donner les raisons.
- Possédiez-vous un animal de compagnie? Comment s'appelait-il? Quelles étaient ses habitudes?
- Si vous aviez un ami imaginaire, décrivez les conversations que vous aviez avec lui.
- Si vous avez reçu une éducation confessionnelle, quelles fêtes religieuses célébriez-vous particulièrement? Comment, où et avec qui?
- À quoi ressemblait un dimanche typique?
- Passiez-vous vos vacances en famille et comment?
- Décrivez la maison familiale ou l'appartement, le quartier, les voisins que vous aviez.
- Vous avez dû nouer des amitiés. Vous ont-elles marqué et comment?
- Écrivez un paragraphe sur l'atmosphère de cette période.

L'école

- Commencez par la situer géographiquement et architecturalement (école de campagne, de ville, en brique, etc.).
- Comment s'est passé votre premier jour d'école? Qui vous y a accompagné?
- Quelqu'un vous a-t-il encouragé à étudier?
- Aviez-vous une attitude négative à l'école en raison d'une punition infligée par un professeur? Profitez-en pour parler de la discipline et de l'ambiance générale.
- Faites la liste de vos professeurs. Quel est celui qui vous a le plus marqué? Pourquoi?
- Faites-en une description physique et morale détaillée.

- Quand avez-vous appris à lire et quel fut votre premier livre de lecture?
- Quelle était votre matière préférée? A-t-elle orienté votre carrière?
- Vous avez peut-être conservé les bulletins scolaires. Vous les ajouterez à vos mémoires comme documents de référence. Commentez ici vos résultats scolaires.
- Aviez-vous des amis et à quoi vous occupiez-vous? Sports, musique, scouts?
- Avez-vous joué un tour pendable pour lequel vous n'avez pas été puni?
- Un acte merveilleux ou vertueux vous a-t-il fait gagner l'admiration de votre communauté?
- Tous les enfants ont un jour manqué l'école. Parlez de ce moment qui a pu vous paraître exceptionnel. Comparez ce jour mémorable à une journée typique, en décrivant celle-ci à partir de l'heure du lever jusqu'au coucher.
- Pourriez-vous résumer les plus grandes leçons ou les faits importants que vous avez tirés de vos années d'école?

Pour clore le sujet de l'enfance, nous aimerions vous présenter la description d'une institutrice à l'école primaire, récit bien évidemment subjectif, mais que certains lecteurs, si ce n'est vous-même, auraient pu écrire. Vous assistez aussi à la naissance d'une vocation: celle de l'écrivain Yves Beauchemin.

À six ans, je fis, bien prosaïquement, mon entrée à la petite école. L'institutrice était une femme colérique, musclée, au regard pointu, à la figure rougeaude: elle enseignait à sept classes à la fois dans un ancien camp de rondins converti en école biethnique, qui servait de cinéma le samedi et d'église le dimanche grâce à un système de portes coulissantes. Le premier matin, je me présentai à l'école avec la classique envie de faire dans mes culottes, et j'étais à dix pas de chez moi. Mademoiselle Meunier constata que j'étais gaucher et décida que je deviendrais instantanément droitier et me le signifia tout de suite à coups de règle sur les doigts. Au bout de trois jours, mon avenir professionnel, sans que je le sache, venait de se décider. En plus d'apprendre à manier le crayon, il fallait que j'apprenne à me servir de ma main droite. Quand il s'agissait de lettres, cela n'allait pas trop mal. Je savais déjà un peu mon alphabet et les longues séances de lectures que ma mère me faisait tous les soirs avant le coucher m'avaient un peu familiarisé avec ces êtres étranges et merveilleux que sont les mots. Mais quand il s'agissait de chiffres, je devenais tellement pitoyable que mademoiselle Meunier en perdait le goût de me pincer les oreilles.

BEAUCHEMIN, Yves. *Du sommet d'un arbre,* collection Littérature d'Amérique, Éditions Québec/Amérique, 1986, p. 16-17.

L'adolescence

> *Qu'elle est admirable la jeunesse de l'homme! Elle est toute d'angoisse et de féeries, et il n'arrive jamais à la connaître sous son vrai jour, que lorsqu'elle l'a quitté pour toujours.*
>
> THOMAS WOLFE, *AU FIL DU TEMPS*

L'adolescence est une période charnière dans la vie d'un individu. À la puberté, l'enfant se transforme peu à peu en adulte. Les changements physiques qui surviennent alors peuvent s'accompagner de gêne, de timidité ou de fierté. Pour la jeune fille, c'est l'acquisition du premier soutien-gorge, et pour le jeune garçon, celle du premier rasoir. Mais les changements se font sur tous les plans; l'adolescence est aussi et surtout le moment des grandes interrogations et des remises en question. L'adolescent cherche un sens à sa vie. Il ne sait plus quelles sont les valeurs essentielles, les siennes ou celles de ses parents. Il se sent par ailleurs incompris d'eux et cherche d'autres réseaux d'influence. Il découvre les premiers émois amoureux et en même temps se sent mal à l'aise dans cette nouvelle peau qui l'entraîne vers l'inconnu et aussi vers de nouvelles responsabilités. Sans aucun doute, vous reconnaissez là des tourments vécus. Mais l'adolescence n'est pas que négative. Elle est aussi pleine de vie, d'énergie et de force. Souvenez-vous de certaines nuits blanches passées à refaire le monde.

À l'adolescence, vous avez également décidé de votre avenir, choix quelquefois problématique. Vous faites peut-être partie de ceux pour qui la planification était impossible... Poursuivre des études ou entrer dans la vie active: voilà les deux avenues qui vous étaient offertes et qui ont dû influencer ensuite toute votre existence.

Pour illustrer ces années-là, voici la très belle description que fait Henri Bergeron de cette époque de transformations qu'est l'adolescence.

Ces derniers jours à la maison, avant le départ pour la grande ville, me portaient à la rêverie. Je me voyais devenir un autre moi-même, sans toutefois pouvoir saisir l'image fugace de mon profil, comme si celui-ci se transformait continuellement. Je devenais, par moments, envahi par d'immenses sphères en mouvement. Mon être se moulait au gré de ces formes qui grandissaient, éclataient, se recomposaient, telles les pièces en évolution constante d'un kaléidoscope où l'instantanéité nous place en présence du passé, du présent et de l'avenir. Voilà le présent, je le fais à partir du passé par une autre image qui, elle, sera, par mon prochain geste, par ma prochaine rotation, celle de l'avenir, une autre création instantanée. Je sentais en mon être physique apparaître des transformations qui correspondaient à cet état de rêve. Mon corps me donnait, dans la nuit, des soubresauts de jouissances que je n'avais jamais vécues auparavant. J'aurais souhaité pouvoir en saisir toute l'ampleur en plein éveil, mais cela ne semblait pas possible. Pourtant, quelques jours avant mon départ pour le collège, cela se produisit en plein jour alors que je m'étais endormi au cours de l'après-midi. De l'état de rêverie, j'étais passé à celui de sommeil. Mon corps avait été secoué par les spasmes des grandes sphères en mouvement et c'est là que j'avais compris, en me réveillant en sursaut, que j'étais devenu un homme en puissance. Mon corps venait de me dire tout ce que j'avais pu déduire des conversations qui touchaient à la reproduction des êtres. J'en étais profondément troublé et, du coup, soulagé. Enfin, je comprenais! Je savais. Je venais de percer le grand mystère de la vie!

BERGERON, Henri. *Un bavard se tait... pour écrire,* Saint-Boniface, Les Éditions du Blé, 1989, p. 187-188.

Aide-mémoire

Aspect physique et psychologique

- Comment vous définissiez-vous? Étiez-vous prêt à tout? Faites votre portrait physique et psychologique.
- Dressez une liste des gens qui vous ont influencé, aidé ou guidé durant votre jeunesse et écrivez quelques phrases à leur sujet. De quelle manière l'ont-ils fait? Qu'en avez-vous retenu ou appris?
- Vous souvenez-vous de votre premier rendez-vous galant? Êtes-vous tombé amoureux? Écrivez un scénario de film d'amour: le vôtre.
- Faisiez-vous partie d'un gang? Si oui, lequel? Nommez les activités auxquelles vous participiez.
- Écrivez un paragraphe sur chaque ami important. Pourquoi faisaient-ils partie de votre vie?
- Quels étaient vos sujets de conversation les plus fréquents? Donnez les raisons.
- À quoi ressemblait votre environnement familial (discipline, rapports avec les parents, les frères et sœurs)?
- Votre vie a-t-elle été bouleversée par des inventions scientifiques (automobile, radio, télévision)? Racontez la première journée où vous avez conduit une voiture, ou bien faites le récit de situations que vous trouveriez cocasses aujourd'hui.
- Comment les événements historiques et sociaux ont-ils influencé cette période (guerre, grèves, etc.)? Rapportez-vous au tableau chronologique si vous avez besoin de vous rafraîchir la mémoire.
- Avez-vous interrompu vos études pour voyager? Si oui, dites pourquoi et pendant combien de temps. Évoquez cette riche expérience.
- Si vous n'avez pas voyagé, avez-vous rêvé de le faire? Qu'auriez-vous aimé découvrir?
- Quels étaient vos sports favoris, vos intérêts et vos loisirs?
- Si vous aimez la lecture, parlez du premier livre qui vous a marqué et expliquez pourquoi.
- Avez-vous connu la mort de quelqu'un de proche? Comment ce triste événement vous a-t-il affecté?

- Si, pour des raisons professionnelles, vos parents déménageaient souvent, comment avez-vous vécu les changements fréquents d'école, d'amis, etc.?
- Expliquez ce qui vous a incité à rester dans le cocon familial ou à le quitter.

Les années d'école ou le milieu du travail

- Pourquoi avez-vous choisi un collège en particulier? Était-ce en raison de l'endroit, pour suivre un ami, parce que votre père y avait étudié?
- Avez-vous fait votre choix de carrière en entrant au collège, l'avez-vous changé en cours de route?
- Décrivez la journée de remise des diplômes.
- Si vous viviez sur un campus, parlez de l'ambiance générale, de vos compagnons de chambre, des amitiés que vous avez nouées. Comment viviez-vous cette nouvelle indépendance?
- Si vous avez arrêté vos études, donnez les raisons qui vous ont poussé à faire ce choix. À quel âge? Quel emploi occupiez-vous?
- Quels avantages pensez-vous avoir acquis en entrant précocement dans la vie active?
- Si le manque d'études fut un handicap dans votre vie, expliquez pourquoi.
- Si vous pouviez recommencer, que changeriez-vous de cette période?
- Écrivez une page ou deux sur votre adolescence en général, par exemple sur la façon dont vous vous êtes affirmé, dont vous avez trouvé votre place dans la famille, dans la société, parmi vos amis et vos connaissances. Essayez de décrire le climat émotionnel de cette époque.

En terminant, si vous avez eu de la difficulté à couper le cordon ombilical, dites-vous que vous n'êtes pas un cas exceptionnel. Même le grand dramaturge québécois Michel Tremblay a eu de la difficulté à le faire comme en témoigne l'extrait suivant! Il relate sa situation de jeune adulte travaillant et vivant encore avec sa famille.

La roue tournait; mon père était à la retraite, c'était maintenant moi qui travaillais le soir, de cinq heures à une heure du matin, comme linotypiste à l'Imprimerie Judiciaire, sur la rue Wolfe au coin de La

Gauchetière, là où se trouve maintenant la taverne de madame Clavette (haut lieu de rencontre de la faune de la tour de Radio-Canada qui, à l'époque, n'avait pas encore été construite). Depuis la mort de ma mère, en septembre 1963, et le retour au bercail de ma tante Robertine, la sœur de mon père («J'vas aller prendre soin de vous autres, moé, pauvres vous autres. Trois hommes dans la même maison qui savent rien faire, ça n'a pas de bon sens!»), nous avions déménagé au 5303 de la rue de Lorimier, dans un appartement assez grand pour nous loger tous: papa, ma tante, mon frère Jacques et moi. J'avais pensé me prendre un appartement mais mon attachement pour ma famille était encore trop puissant et, à vingt ans passé, je n'étais pas encore prêt à couper le cordon ombilical.

TREMBLAY, Michel. *Douze coups de théâtre,* Montréal, Leméac, 1992, p. 231.

L'âge adulte

L'âge de raison, qu'il soit raisonnable ou pas, n'en constitue pas moins en termes de durée la plus grande partie de notre passage sur terre. Il est parfois imprévisible, surtout lorsqu'il s'attarde dans une adolescence prolongée! En règle générale, après 21 ans, l'adulte entre de plain-pied dans la vie active et responsable sur le plan professionnel (et amoureux?). Il entreprend une étape de construction et de solidification de ses acquis intellectuels, affectifs et financiers. Simultanément, il cultive ses amitiés avec soin et attention.

La vie amoureuse — les enfants

Ton souvenir en moi luit comme un ostensoir!

CHARLES BAUDELAIRE, *LES FLEURS DU MAL*

Selon les générations, la rencontre amoureuse a beaucoup varié au cours des temps. Au début du XXe siècle, cette rencontre avec la personne aimée était ponctuée d'accents romantiques. Les amoureux prenaient le temps de «se fréquenter», comme on disait à l'époque. Tout le rituel de la séduction était composé de règles assez strictes. La période de fréquentation était généralement assez longue. Lorsque les amoureux allaient au bal, un membre de la famille était présent. La demande en mariage était faite au père de la jeune fille. Puis, venait le temps des fiançailles. Petit à petit, ces règles se sont assouplies, laissant place à de plus en plus de liberté dans les manières et dans le discours amoureux. Le besoin d'aimer et d'être aimé est resté néanmoins un désir fondamental pour l'être humain.

Si le visage de vos patrons ou de vos superviseurs a pu complètement déserter votre mémoire, ceux de vos amours ont certainement laissé une empreinte indélébile. Essayez de retourner au temps des premiers émois et, progressivement, revenez à votre vie d'aujourd'hui. Tout en effectuant ce parcours, notez les noms (s'il y en a plusieurs), les événements qui se sont succédé ainsi que l'année approximative. Feuilletez les albums de photos, une profusion d'émotions envahira votre cœur. Les sentiments sont éternels.

Parmi ces souvenirs, il y a bien sûr celui de la demande en mariage et le grand jour où vous vous êtes uni à votre conjoint pour le meilleur et pour le pire. Vous n'avez pas pu oublier ce jour-là! Essayez de le raconter dans les menus détails: parlez de votre état d'âme, de la date et du lieu, des témoins, des invités, de la lune de miel, etc. Cet événement vous a non seulement marqué, mais il caractérise probablement aussi une époque. À ce moment-là, vous avez certainement publié des bans, invité la famille, y compris les lointains cousins, et les amis. Maintenant, prenez le temps de lire l'extrait que nous vous présentons. Paul Bowles, auteur-culte américain des années 80, parle des préparatifs entourant son mariage. Il y a toute une différence entre les deux époques!

Jane et moi plaisantions souvent à propos de notre éventuel mariage, une perspective qui horrifiait tout le monde, notamment nos familles respectives. De la boutade à la réalité, la distance est parfois moins grande qu'on ne l'imagine, et bientôt, nous nous mîmes à sérieusement envisager cette éventualité. Jane allait avoir vingt et un ans le jour commémoratif de la naissance de Washington, et notre mariage fut célébré la veille dans une petite église hollandaise réformée aux alentours de la vingtième rue; personne n'assista à la cérémonie, hormis mes parents et sa mère, et personne ne parut horrifié, ce qui facilita les choses, à défaut de les rendre moins dramatiques.

BOWLES, Paul. *Mémoires d'un nomade,* autobiographie, Paris, Quai Voltaire, 1989 (traduction française), p. 272.

Puis, vint le temps d'élargir la famille.

> *Car tu comprendras un jour, transmettre son nom, son sang, ce n'est pas cela qui contente le cœur; mais dans la chair qui vient de soi, sentir battre les mêmes amours, voir des pas devenir le prolongement de ses pas, voilà le désir qui fait vivre quand on regarde ses enfants.*

FÉLIX-ANTOINE SAVARD, *MENAUD, MAÎTRE-DRAVEUR*

Les enfants ont pris place dans votre vie de couple. Planifiées ou non, ces naissances ont bien évidemment bouleversé votre quotidien. Fini les grasses matinées du dimanche, le petit déjeuner à midi et la pizza dégustée en amoureux devant le film de fin de soirée! Tous ces plaisirs ont été remplacés par d'autres, mais vous vous seriez bien passé du repas de bébé à trois heures du matin. Quelque temps plus tard, la petite sœur ou le petit frère a encore modifié votre horaire. Mais quand est venu le temps de leurs premiers «je t'aime», vous avez tout oublié. Les années se sont écoulées, ils ont grandi, étudié, puis ils sont finalement partis.

Vous souvenez-vous de leurs premiers pas? Ouvrez l'album de photos et admirez celles où vous les avez immortalisés. Même imparfaites, ces photos vous feront sourire. De plus, elles rendront plus facile la description de leurs vies et des émotions que ces souvenirs engendrent. Vos enfants occupent une place unique dans votre mémoire dans laquelle ils auront toujours priorité.

Aide-mémoire

- Décrivez les qualités physiques et psychologiques qui vous ont attiré chez votre partenaire.
- Que vouliez-vous partager avec votre partenaire?
- Avez-vous connu des amours impossibles? Racontez-les.
- Quels rapports entretenez-vous avec les personnes que vous avez aimées?
- Comment avez-vous rencontré l'âme sœur? Est-ce que ce fut le coup de foudre?
- Dépeignez le climat de vos premiers échanges. Que portait-elle? Êtes-vous allé danser? Y avait-il d'autres témoins? Qui a séduit l'autre?
- Combien de temps ont duré vos fréquentations? Donnez des détails.
- Vous souvenez-vous de quiproquos? Racontez ces situations loufoques.
- Quand et comment avez-vous rencontré vos amis et familles respectifs?
- Racontez votre première journée de vie commune.
- Si vous avez vécu un divorce, comment s'est-il réglé?
- Comment avez-vous vécu ces démarches?
- Si c'était à refaire, que feriez-vous pour éviter le divorce?
- Dans le cas d'un remariage, pourquoi avez-vous décidé de partager de nouveau votre vie? Qu'y a-t-il de différent dans cette relation?
- Si vous êtes resté célibataire, dites pourquoi et parlez des avantages et des inconvénients.
- Quelle est votre définition de l'amour?
- Quand et où sont nés vos enfants? Racontez ces moments inoubliables.
- Décrivez un événement où vous avez été très fier d'eux ou au contraire vous avez été très déçu.
- Quelle discipline aviez-vous instaurée? Donnez des exemples.
- Qu'avez-vous transmis à vos enfants que vos parents vous avaient eux-mêmes transmis (objets, croyances, traits physiques et psychologiques)?
- Chaque enfant est unique. Écrivez quelques paragraphes sur chacun d'eux. Parlez de leurs talents, de leurs défauts, de leurs résultats scolaires. Résumez la vie de chacun jusqu'à l'âge adulte. Évoquez vos relations avec eux.
- Faites la comparaison entre leurs conditions de vie et la vôtre au même âge. Dites laquelle vous préférez et pourquoi. Votre opinion est importante, vous écrivez «vos» mémoires.

Le travail

Ce qui te manque... c'est le travail, du sel de sueur sur ton corps,
du sel de sueur sur tes tempes, du sel de sueur sur tes pensées...

FÉLIX LECLERC, *LE FOU DE L'ÎLE*

Pour commencer cette rubrique, nous aimerions vous donner une définition du mot «travail» particulièrement explicite.

Ensemble des activités humaines coordonnées
en vue de produire quelque chose.

LE NOUVEAU PETIT ROBERT

Cette référence permet de faire une mise au point sur le sens du mot «travail» et aussi de rendre hommage aux femmes qui consacrent toute leur vie à élever et à éduquer des enfants, contribuant largement au bien-être de la famille. Effectivement, mari et femme «coordonnent» leurs efforts pour faire en sorte que le noyau familial «produise» équilibre, santé, joie et fierté. De la même façon, le milieu communautaire est un lieu de travail, travail qui n'est pas nécessairement rétribué mais qui n'en est pas moins gratifiant. Il est fait d'une grande part de dévouement.

Puis, il y a le travailleur, peut-être vous, qui, jour après jour, année après année, se rend sur le même lieu de travail et qui, lui, se dévoue pour l'entreprise... Cependant, quel que soit votre statut, il comprend certainement des joies et des satisfactions. Si travailler fait partie du passé, essayez de revivre ce temps-là en vous remémorant une journée type de travail avec tout ce qu'elle comportait de plaisirs et de désagréments. Si vous travailliez tous les deux à l'extérieur, une telle journée devait être particulièrement occupée et organisée!

Aide-mémoire

- Évoquez les différentes étapes de votre vie professionnelle.
- Si vous avez exercé plusieurs métiers, expliquez pourquoi.
- Qu'est-ce qui vous a conduit à ces champs d'activités?
- Si vous avez été chef d'entreprise, où et comment l'avez-vous démarrée?
- Quelles ont été les réalisations dont vous avez été le plus fier?
- Avez-vous eu de grandes déceptions ou des projets qui ont échoué? Racontez comment vous les avez vécus.
- Si vous le pouviez, quelles sont aujourd'hui les décisions que vous prendriez différemment?
- Avez-vous apprécié vos collègues de travail? Évoquez votre vie au travail et racontez des anecdotes concernant vos confrères.
- Décrivez le patron qui vous a embauché, le ou les employés que vous avez engagé(s).
- Si vous avez eu la responsabilité d'élever les enfants, quelle a été la partie la plus difficile?
- Quelles étaient vos autres priorités? Au départ des enfants, comment vos activités se sont-elles transformées?
- Avez-vous fait du bénévolat? Décrivez cette expérience.
- Si vous étiez jeune aujourd'hui, quels conseils aimeriez-vous recevoir?

Pour obtenir le poste que vous avez aujourd'hui, vous avez dû certainement commencer au bas de l'échelle, puis gravir les échelons un par un. Vous avez ainsi eu le même parcours de vie que Marcel Béliveau, créateur d'une émission de télévision. Il nous fait partager, dans l'extrait suivant, ses débuts dans le métier.

En attendant de trouver du travail, j'ai remplacé des livreurs de pain. Jusqu'au jour où j'ai enfin réussi à décrocher un emploi temporaire à CKTR, la station de Trois-Rivières. C'était un travail de rien du tout, mais voilà que la même année, CKTR décide d'ouvrir une nouvelle station à La Tuque, ma ville natale, que j'avais quittée à l'âge de six mois. C'était alors une petite ville de huit mille habitants. La Tuque, c'était le bout du monde, la route s'arrêtait là; après, il n'y avait plus rien, que la forêt. Les autorités de cette bonne ville avaient exprimé le vœu que les animateurs de radio soient de la région. Comme j'étais né là-bas, on m'a mis en tête de liste. Moi, ça ne me disait rien comme ville, mais j'y suis allé quand même.

Et le 4 septembre 1959, on a ouvert la station CKLM. J'avais vingt ans. C'étaient, bien que modestes, les vrais débuts de ma carrière à la radio. J'allais apprendre le métier.

BÉLIVEAU, Marcel. *Si la vie était un gag...,* Montréal, Libre Expression, 1994, p. 45-46.

Les amis

Combien l'amitié mérite de respect et d'éloges! C'est elle qui fait naître, qui nourrit et entretient les plus beaux sentiments de générosité dont le cœur humain soit capable.

BOCCACE, *LE DÉCAMÉRON*

Au cours des années, le cercle d'amis évolue et se transforme. Certains amis disparaissent et sont remplacés par d'autres. À l'âge adulte, il reste les indispensables, ceux pour qui nous donnerions tout. Le poète romantique Lamartine devait penser non seulement à un partenaire mais aussi à eux lorsqu'il écrivait: «Un seul être vous manque et tout est dépeuplé.»

Vous avez certainement partagé avec eux des grands et des petits moments. Vous devez avoir des souvenirs mémorables de soirées où tout était prétexte à rire, à s'émouvoir, à se confier. Vous avez peut-être pratiqué des sports ensemble, fait de la rénovation ou déménagé. Fermez les yeux et visualisez ce 1er juillet torride où non seulement vous avez eu très chaud, mais vous vous êtes retrouvé cloué au lit par un lumbago à cause du canapé du frère de l'ami de votre amoureux! Vous allez écrire la page la plus drôle de vos mémoires.

Aide-mémoire

- Qui étaient vos amis? Donnez des détails sur leur famille, leurs enfants, leur emploi, les circonstances dans lesquelles vous vous êtes rencontrés.
- Quels ont été les moments forts de vos amitiés? Décrivez-les.
- Sur quels critères avez-vous bâti vos amitiés? Le rire, la compassion, le partage des fêtes, une présence sécurisante, aimante...?
- Qu'ont-ils tous en commun?
- Voyez-vous votre conjoint comme un ami? Jusqu'à quel point?
- Quel rang occupe l'amitié dans vos valeurs? Donnez-en votre définition.

L'amitié a façonné l'être que vous êtes aujourd'hui. Sans elle, vous ne seriez pas le même. En quelques lignes, George Sand peint avec brio cette forme d'amour.

Je ne crois pas interrompre l'ordre de mon récit en consacrant encore quelques pages à mes amis. Le monde de sentiments et d'idées où ces amis me firent pénétrer est une partie essentielle de ma véritable histoire, celle de mon développement moral et intellectuel. J'ai la conviction profonde que je dois aux autres tout ce que j'ai acquis et gardé d'un peu bon dans l'âme.

SAND, George. *Histoire de ma vie,* Paris, Stock, 1945, p. 314.

Volontairement, nous ne donnons pas de titre au paragraphe suivant, qui est aussi court que l'année qu'il évoque. Vous voudrez peut-être passer ce cap fatidique sous silence...

À quarante ans, le temps passe vite,
on ne pense plus à demain qu'il est déjà là.

HUBERT DE RAVINEL, *VIEILLIR AU QUÉBEC*

La quarantaine: instant fugace qui ne laisse personne indifférent. Vous avez déposé un bilan, positif ou négatif. Vous avez peut-être souligné cette étape par un voyage ou une fête. Ou bien, elle vous effrayait tant que vous l'avez tout simplement ignorée. Dans les deux cas, essayez de décrire ce moment inéluctable en évoquant les changements psychologiques ou physiques.

Aide-mémoire

- Quels ont été les aspects négatifs ou positifs de ce virage? Avez-vous vécu des changements physiques, familiaux ou professionnels?

- Décrivez toutes les résolutions que vous avez prises (et celles que vous avez tenues!): exercice physique, amélioration de l'alimentation, ou les nouveaux projets: argent mis de côté pour la retraite, voyages, etc.

La retraite

> «Hé bien! Qu'est-ce que cela soixante ans?... C'est la fleur de l'âge cela, et vous entrez maintenant dans la belle saison de l'homme.»
>
> MOLIÈRE, *L'AVARE*

Que nous aimerions croire Monsieur Molière! Si certains voient arriver la retraite comme un soulagement, d'autres, par contre, la considèrent comme la fin de leur vie. Quelle que soit notre attitude, l'ultime étape nous regarde bien en face. Nous n'osons pas ouvrir les yeux tout à fait pour conserver le regard de notre jeunesse et la vitalité qui est en elle.

Vous qui écrivez vos mémoires avez dû franchir cette marche, instable et inconfortable. Mais, une fois l'équilibre retrouvé, vous avez découvert 1000 choses à réaliser, à construire et à partager. Entre vos activités, votre famille et vos amis, le temps se rétrécit. Parfois même, vous en manquez et maudissez le ciel de n'avoir donné que 24 heures à une journée!

Ce passage de votre livre est à nos yeux important, car vous donnez une grande leçon de vie à ceux qui vous liront. Vous leur racontez la vie et l'espoir. Même si vous évoquez les grandes difficultés que la vie vous a infligées, le fait d'être là pour les écrire est le signe de votre ténacité et de votre goût de continuer parce que la vie est belle, malgré tout... La retraite a des airs de sagesse.

Si vous ne le croyez pas tout à fait, jetez un coup d'œil sur ce qu'en pense Henri Bergeron, le préfacier de ce livre et célèbre animateur de radio et de télévision!

Le mot retraite me répugne quand il signifie ne plus rien faire, accepter l'oisiveté comme passe-temps et ne donner aucun sens à sa vie. Je voulais surtout prouver qu'à soixante ans on peut réaliser un rêve, donner à sa vie une orientation nouvelle, et surtout, continuer à se sentir utile. Je rêvais de publier un livre et l'occasion me semblait bonne à saisir. De plus, mes petites histoires, me disais-je, pourraient peut-être inciter d'autres personnes à en faire autant et venir ainsi en aide à ceux et celles qui seraient tentés de «tomber» à la retraite et de se laisser ronger par le triste sentiment d'inutilité.

BERGERON, Henri. *Le cœur de l'arbre, le bavard récidive,* Saint-Boniface, Les Éditions du Blé, p. IX-X.

Aide-mémoire

- Comment envisagiez-vous la retraite?
- Parlez de vos craintes et de vos appréhensions.
- Cette nouvelle situation a-t-elle été soudaine ou avez-vous eu le temps de la planifier?
- Y a-t-il des choses qui, autrefois, étaient importantes pour vous et qui ne le sont plus aujourd'hui?

- Si vous avez peur de la mort, essayez d'en donner les raisons.
- Si vous vivez toujours avec un conjoint, comment votre relation s'est-elle transformée?
- Décrivez vos relations avec la famille: frères, sœurs, enfants et petits-enfants.
- Si vous êtes veuf ou divorcé, que faites-vous pour éviter la solitude? Voyez-vous davantage vos enfants et vos petits-enfants?
- Faites-vous des choses que vous n'avez jamais pu faire en travaillant et en élevant une famille, par exemple, prendre des cours, faire du bénévolat? Qu'est-ce qui vous a motivé à entreprendre de nouvelles activités?
- Voyagez-vous beaucoup? Si oui, où êtes-vous allé?
- Donnez des détails du voyage le plus récent ou de celui que vous avez le plus aimé.
- Quelles autres destinations vous attirent? Pourquoi?
- Préférez-vous voyager en groupe organisé ou seul? Pourquoi?
- Donnez plusieurs exemples d'activités pratiquées avec vos amis ou vos anciens collègues de travail.
- Dans toute votre vie, quelle est la personne qui vous a le plus marqué, pourquoi et de quelle manière?
- Si vous êtes en bonne santé, livrez les secrets de votre longévité et de votre santé. Utilisez-vous des remèdes de grand-mère? Lesquels? Dévoilez quelques recettes.
- Dans le cas contraire, parlez de vos tracas et de vos maladies.
- Pour que votre vie soit complète, que vous reste-t-il à réaliser?
- Quels conseils sur la vie donneriez-vous à de jeunes personnes, par exemple pour garder une relation amoureuse satisfaisante?
- Que feriez-vous différemment pour éviter les malheurs que vous avez connus?
- Quelles sont les décisions qui ont changé le cours de votre vie? Sans elles, quel tournant aurait-elle pris?
- Résumez en une phrase ce qui est important, pour vous, dans la vie.

Vous voilà arrivé au bout du voyage. Vous avez retrouvé et ordonné les fragments de souvenirs égarés dans votre mémoire; c'est un moment émouvant où votre existence, que vous trouviez si banale, vous apparaît pleine de fantaisie, de gaieté, et qui sait, peut-être de folie. Ce serait dommage de garder toute cette expérience secrète. Pour la partager, vous devez maintenant l'écrire. C'est le but premier de toutes ces recherches. Le nôtre maintenant consiste à vous conseiller et à vous guider dans le processus de la rédaction: suggestions de plans, rappel de règles grammaticales, etc. Nous vous amenons faire un petit tour à l'école de l'écriture; il n'y a pas d'âge pour apprendre, vous devez bien le savoir!

TROISIÈME PARTIE

ÉCRIRE SANS PEUR

Hâte-toi lentement.

SUÉTONE

Félicitations! Votre bureau est maintenant recouvert de documents, de photos et de notes soigneusement classées. Cette récolte facilitera grandement le travail de rédaction. Juste la lecture de ce dernier mot vous donne envie de disparaître pour la journée, n'est-ce pas? D'ailleurs, avant de commencer, vous trouverez probablement mille choses à faire, comme de laver des vitres même si vous détestez ça! Avant de vous éreinter à les faire briller, prenez le temps de lire cet ouvrage jusqu'à la fin. Il vous maintient sur la voie de l'écriture, vous tient la main et la guide sur ces feuilles blanches qui vous font si peur. Il vous suffit de les apprivoiser.

Vous souvenez-vous du Petit Prince apprivoisant le renard? Vous allez faire la même chose avec les mots et leur support: l'écriture. Ne vous pressez pas trop. Tout d'abord, il est important de trouver quels mots vous viendront en premier, car ce sont eux qui décideront de la chronologie de vos mémoires. Les autres suivront plus facilement si vous avez trouvé ceux qui vont commencer votre ouvrage. Puis, il s'agira de les regrouper pour former des idées afin d'ébaucher un plan de travail. Nous vous donnerons des exemples de plans.

Puis, les mots seront habillés, embellis et posés à leur juste place: ils auront de la couleur et apporteront une nouvelle vie à vos souvenirs. Enfin, grâce aux conseils d'écrivains professionnels, naîtra une de vos plus belles réalisations: vos mémoires.

1

AVANT DE COMMENCER

À ce point-ci, vous devez faire un choix qui déterminera l'ordre du récit: par où commencer? Le début se situera là où vous le désirez, qu'il suive ou non la chronologie de votre vie. Vous avez maintes possibilités: vous vous souvenez peut-être d'un événement qui a bousculé votre existence ou qui a eu un impact notable sur votre façon de voir ou de pressentir les choses: une rencontre, un accident, un don, une maladie, etc. Qu'il soit du domaine affectif, professionnel ou autre, il peut servir d'entrée en matière pour accrocher le lecteur. Cette façon de procéder vous permettra d'entrer dans le vif du sujet.

Mais vous pouvez également choisir de remonter le temps comme il s'est vraiment déroulé, de la naissance à aujourd'hui, en suivant pas à pas le résumé chronologique que vous apprendrez à faire dans la section suivante.

Une autre possibilité s'offre à vous: le regroupement par thèmes, par exemple, les amis, les amours, les études, etc. L'avantage de cette solution est de donner au livre plus de fluidité, de souplesse et d'homogénéité.

Au bout du compte, que vous empruntiez une avenue ou une autre n'est important que dans la mesure où elle correspond à votre forme de pensée et si vous vous y sentez à l'aise. N'écoutez que vous-même, c'est votre vie après tout!

2

LE PLAN: UN OUTIL INDISPENSABLE

Dans cette section consacrée aux conseils pratiques sur l'art d'écrire, vous trouverez un certain nombre de lignes directrices et d'outils. Ils n'ont d'autres buts que de contribuer modestement à l'aspect technique de votre ouvrage.

Afin de faciliter le processus d'écriture, il est très utile sinon nécessaire d'adopter un plan qui vous permette de suivre le chemin de vos idées. Nous vous conseillons d'abord de rédiger un plan d'ensemble qui ressemble en tout point à la chronologie des événements qui ont ponctué votre vie.

Un résumé chronologique

Ce résumé donnera non seulement une vision globale de vos mémoires, mais il servira aussi, et avant tout, d'instrument de travail pour vous guider dans l'écriture.

Ce serait d'ailleurs une bonne idée de l'inclure à la fin du livre, car il permettra au lecteur de faire un survol rapide de votre existence. Il s'apparente beaucoup aux chronologies de vie que les écrivains insèrent dans leurs œuvres.

En toute humilité, nous vous offrons un plan qui s'inspire d'une de nos deux vies. Vous découvrirez sans doute de laquelle il s'agit.

1961:   naissance à Strasbourg (France) le 15 février, le jour d'une éclipse solaire; construction du mur de Berlin.

1965:   naissance de mon frère cadet Francis.

1966:   entrée à l'école maternelle.

1967:   entrée à l'école primaire privée; cours de ballet classique deux fois par semaine.

1968:   mai 68; manifestations dans les rues.

1971:   déménagement, changement d'école.

1972:   entrée au Collège d'enseignement secondaire avec des nouvelles matières: anglais, allemand, latin et grec.

1976:   déménagement dans la ville de Mulhouse; entrée au lycée Montaigne en sciences et mathématiques; cours de piano.

1976-1979: lecture des œuvres de Zola, de *Portrait de Dorian Gray* (en anglais) d'Oscar Wilde.

1979:   obtention du baccalauréat français; inscription à la Faculté des lettres de Mulhouse.

1979-1981: diplôme d'études universitaires générales (DEUG) en littérature anglaise et nord-américaine; élection du président socialiste F. Mitterrand; travail d'été comme hôtesse d'accueil.

1981-1982: assistante de français dans une école secondaire en Angleterre.

1982-1983: licence en littérature anglaise et nord-américaine à Strasbourg.

1983-1985: maîtrise en linguistique appliquée; mémoire sur la diglossie du français et de l'anglais.

1985-1986: lectrice de français à l'université de Toronto; enseignement d'un cours de première année; rencontre de Robin, mon futur conjoint; interprétation du rôle principal dans la pièce *Le bal des voleurs* de Jean Anouilh.

1986-1989: décision de rester avec Robin au Canada; déménagement à Montréal; maîtrise en éducation à l'université du Québec à Montréal (UQAM) avec un mémoire sur les relations interethniques et obtention d'un diplôme en enseignement du français et de l'anglais, langues secondes à l'université McGill; décès de ma mère en France (je peux la voir avant sa mort); destruction du mur de Berlin.

1989-1990: emploi à temps plein d'enseignante en Colombie-Britannique pour les francophones hors Québec (classe à trois niveaux); déménagement; achat d'une maison; naissance de ma fille Izabo (j'ai failli mourir).

1990-1991: retour en famille au Québec avec un bébé de six mois.

1991-1995: retour en Colombie-Britannique; emploi à temps plein d'enseignante pour les francophones hors Québec; implication dans la cause de la gestion francophone des écoles; achat d'une deuxième maison; vacances d'été en France, au Québec et aux États-Unis; cours de dessin (intérêt pour les pastels); mûrissement du projet de changement de carrière; vente de la maison.

1995: retour au Québec; année sabbatique; changement de carrière; écriture; entrée de notre fille Izabo à la maternelle; référendum au Québec.

Cette chronologie pourra, bien sûr, être plus ou moins détaillée, mais elle ne devrait inclure que les détails vraiment déterminants pour vous et, à notre avis, ne pas dépasser cinq pages. C'est un peu comme si vous deviez faire un curriculum vitæ des faits marquants servant de points de repère à votre vie.

Les plans-séquences

Un plan est un outil qui peut s'appliquer aussi bien à la rédaction d'un chapitre tout entier que d'une petite anecdote. Nous vous en proposons plusieurs. Vous choisirez celui qui vous convient en fonction de votre personnalité, de votre style d'apprentissage, de vos goûts, de vos habitudes de travail et de vos schèmes de pensée.

Le plan «au fil de la plume»

En premier lieu, concentrez-vous sur le moment de vie que vous désirez raconter. Puis, inscrivez sur une feuille tout ce qui s'y rapporte, tout ce qui vous vient à l'esprit. Après avoir écrit des mots ou des phrases un peu partout au hasard de l'inspiration, prenez un stylo rouge (ou toute autre couleur bien visible) et soulignez les mots ou les phrases importantes. Ensuite, évaluez mentalement leur chronologie, puis donnez-leur un numéro pour les ordonner.

Ces mots numérotés tracent ainsi la piste du récit. Lorsque vous commencerez à écrire, ils engendreront des phrases. Assurez-vous toutefois de lier celles-ci par des conjonctions appropriées. La lecture sera plus agréable.

Le plan «linéaire et structural»

C'est la forme classique de plan, enseignée en études littéraires, qui consiste à écrire une ligne après l'autre. Elle peut être courte ou constituée de mots-titres. Les événements et les sentiments qui s'y rapportent se présenteront ainsi de façon logique. Ce plan demande une plus grande réflexion préalable. En effet, avant de le commencer, vous devez ordonner mentalement les faits d'égale importance. Vous les regroupez ensuite sous des titres et des sous-titres. Essayez de ne pas abuser des subdivisions. En trop grande quantité, elles brisent le rythme du récit. Soyez concis et structurez le texte avec cohérence. En définitive, cette forme de plan s'apparente à une table des matières et fonctionne sous un mode très cartésien.

Le plan par bulles

Vous avez certainement déjà lu ou feuilleté des bandes dessinées. Si vous êtes d'un tempérament plutôt artiste et fantaisiste, cette forme de plan vous convient davantage que la précédente. Généralement, elle séduit les gens qui aiment la diversité et les effets visuels. Dans des bulles identiques à celles des bandes dessinées, vous inscrivez des phrases simples, toujours en pensant à l'événement que vous voulez décrire. Puis, vous les reliez par une flèche de façon logique et chronologique (de cause à effet), vous n'aurez qu'à la suivre!

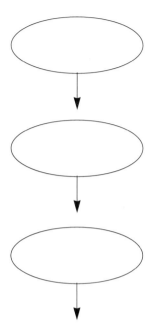

L'épisode se reconstituera tout seul sous votre plume. Cette méthode demande une réflexion initiale plus courte et moins compliquée que le plan linéaire.

Le plan «rayons de soleil»

De forme concentrique, ce plan ressemble à un soleil. Ses rayons vous aideront à vous concentrer pour ne pas raconter plusieurs épisodes à la fois. Sur une feuille de papier, tracez un soleil, puis écrivez au centre un mot ou un titre évoquant l'événement dont vous voulez parler. Inscrivez-le en lettres majuscules. Rajoutez ensuite les rayons tout autour sur lesquels vous noterez un nom, une idée, une émotion ou un sentiment relié à ce fait. Le nombre de rayons n'est évidemment pas limité. Ce plan est particulièrement esthétique et non conventionnel.

Tous les plans que nous avons proposés permettent d'éclaircir les idées tout en mettant de l'ordre dans les tranches de vie que vous avez notées au moment de la recherche. Il est impératif d'en suivre au moins un. Par ailleurs, il est possible de les combiner: par exemple, vous pouvez commencer avec le plan «au fil de la plume» et continuer avec le plan «linéaire et structural». À vous de décider, mais le principal est d'en faire un, comme la plupart des professionnels de l'écriture. Si l'usage des plans ne vous est pas familier, nous vous conseillons de les essayer tous pour choisir celui qui vous convient le mieux. Soyez à l'aise avec la méthode que vous privilégiez, cela facilitera l'exercice de la rédaction.

Croyez-le ou non, une fois le plan rédigé, vous aurez accompli le plus gros du travail. Le plan, en effet, encadre et soutient le récit. L'effort de concentration nécessaire à sa rédaction a permis aux événements de se mettre en place dans votre esprit et de les ordonner. Vous n'avez plus qu'à raconter et à expliciter les titres que vous avez donnés aux sections.

L'importance des titres

Quel que soit le plan que vous avez choisi, il vous faudra trouver des titres. Ce sont des outils importants qui vous aident à structurer davantage votre pensée. De plus, ils aideront le lecteur à se situer dans votre récit, car vous l'avertissez grâce au titre du sujet que vous allez traiter. Par ce moyen d'information, vous lui permettez de se diriger où il le désire. Il pourra ainsi commencer par les années d'école, puis bifurquer vers votre retraite et terminer par le jour de votre naissance. Le titre collera au sujet et ne comportera pas plus de 10 mots. Si, par exemple, vous parlez d'un sujet sérieux, utilisez un titre sobre. Si vous le traitez de façon humoristique, mettez-y une pointe de fantaisie et de drôlerie.

Nous vous donnons ici les types de titres généralement utilisés ainsi qu'un exemple.

Le titre résumé: il synthétise et résume une série d'événements. Exemple: «Les pires coups de mon enfance».

Le titre déclaratif: il annonce un événement. Exemple: «Le jour où j'ai déserté».

Le titre narratif: il évoque un récit pittoresque. Exemple: «Le village qui a enchanté mon enfance».

Le titre humoristique: il veut faire rire ou sourire le lecteur. Exemple: «L'école: un calvaire!»

Le titre interrogatif: on adresse directement une question au lecteur. Exemple: «Vos enfants, que sont-ils devenus?»

Le titre proverbe: il provoque une réaction directe puisqu'il fait référence à un proverbe connu. Exemple: «On choisit ses amis, pas sa famille».

Le titre allitératif: il est plus littéraire et s'appuie sur un effet de style assez artificiel. En effet, il s'agit de répéter des consonnes dans une suite de mots rapprochés. Exemple: «Souvenirs siciliens de Sylvain» (répétition de la lettre «s»).

Parmi tous les instruments que nous venons de décrire, il s'en trouvera certainement quelques-uns que vous désirerez adopter pour la rédaction de vos mémoires. Bien adaptés à votre personnalité, ils vous faciliteront grandement la tâche. Vous ferez vôtre la phrase de Boileau: «Ce qui se conçoit bien s'énonce clairement»!

3

QUELQUES CONSEILS D'ÉCRIVAIN

L'acte d'écrire comporte toute une gamme d'émotions qui passent à la fois par l'excitation, le plaisir, l'angoisse et l'incertitude. Même les écrivains chevronnés éprouvent ces sentiments contradictoires. La seule différence avec vous est qu'ils en connaissent l'ordre d'arrivée et de départ. Mais cela ne veut pas dire qu'ils s'y habituent!

Dans un premier temps, nous vous donnons quelques petits conseils qui vous apaiseront, vous stimuleront et qui, en pratique, pourront vous conduire au succès. Vous apprendrez ensuite à contourner l'obstacle majeur que connaissent tous les passionnés de l'écriture: l'angoisse de la page blanche. Ensuite, vous découvrirez comment habiller les mots de manière élégante en abordant un point très important, le style, qui donnera de la force, de l'originalité et de la lisibilité à votre texte.

Les clés de la réussite

Rien n'est jamais garanti dans l'art d'écrire. Le seul pouvoir dont vous disposez consiste à suivre certaines suggestions, qui sont cependant loin d'être arbitraires. Elles constituent simplement un rappel de l'attitude générale que vous devriez avoir envers vous-même et envers votre travail. Soyez donc indulgent et faites-vous confiance.

La confiance

C'est certainement l'arme la plus efficace à utiliser. La décision d'écrire vos souvenirs répond à un besoin, celui de laisser en héritage le récit de votre vie. Soyez sûr que vos descendants ne vous en voudront pas si ce récit vous paraît à vous banal ou si certains épisodes que vous racontez ne vous paraissent pas «héroïques». Au contraire, ils apprécieront ce précieux cadeau, même si vous le jugez imparfait. Rappelez-vous que vous ne participez pas à un concours d'écriture, vous n'écrivez pas un roman: vous racontez une histoire, la vôtre, et c'est elle qui intéressera vos descendants.

Le naturel

Soyez naturel comme si vous parliez à un ami. Écrivez sur le ton de la confidence. À la relecture, vous peaufinerez votre texte en mettant en pratique nos recommandations.

L'honnêteté

Essayez de relater les faits le plus objectivement possible. Il est certain que chaque personne a sa réalité propre, ses préjugés et sa vision du monde. Nous avons tendance à embellir le beau et à noircir le laid. Avant tout, soyez honnête dans vos réflexions et dans vos récits. Vous êtes une personne mûre. Montrez-vous tel que vous êtes et décrivez les événements comme ils se sont passés. Cette attitude vous honorera.

La flexibilité

Avez-vous déjà entendu cette phrase: «Faire et défaire, c'est toujours travailler»? Elle s'applique particulièrement bien à la rédaction. Un brouillon est fait pour être travaillé et retravaillé sans cesse. Aucun texte n'est définitif. Il est même intéressant de le mettre de côté une journée ou deux, puis de le reprendre. Vous serez surpris des améliorations à apporter. Mais, attention de ne pas tomber dans un perfectionnisme à outrance. Rappelez-vous que le mieux est l'ennemi du bien. Donnez-vous des limites, ce n'est pas l'écriture qui vous en donnera!

L'organisation

Elle doit se retrouver autant dans le travail de recherche que dans celui de l'écriture. Pendant la phase de préparation, ayez toujours un calepin à portée de la main, il doit être votre fidèle compagnon. Les idées vont et viennent, et il serait dommage de ne pas les conserver. N'oubliez pas de classer tous les documents que vous obtiendrez. Au moment de l'écriture, mettez régulièrement de l'ordre sur votre table de travail, en ayant le matériel nécessaire toujours disponible.

La détermination

Écrire est une activité intellectuelle très exigeante. Essayez au départ de respecter le plus possible les buts et les objectifs que vous vous êtes fixés, sans oublier bien évidemment la notion de plaisir. Le génie seul n'est pas suffisant pour faire un bon écrivain. Derrière un texte se cache une somme énorme de travail. Ne vous découragez pas. Que vous trouviez ce travail difficile est tout à fait normal. La récompense est au bout de la route, soyez têtu et le mot «fin» vous appartiendra.

La lecture

Plus vous lirez, plus vous développerez des habiletés pour l'écriture. Reportez-vous à la liste des autobiographies que nous avons insérée en annexe. Faites un choix de lecture. En plus de la détente et de l'inspiration, ces écrits provoqueront l'imaginaire. Vous y puiserez toutes sortes d'idées quant au fond et à la forme des vôtres. N'essayez pas de renouveler le genre. Des écrivains, bien longtemps avant vous, l'ont fait. Tant mieux pour vous!

La réflexion

Précédemment, nous avons fait la suggestion de laisser un texte de côté pour y revenir plus tard. Ce geste fait partie du processus de réflexion. Il permet à votre subconscient de travailler. Quelquefois, vous promener dans un parc sera beaucoup plus salutaire que de rester à une table de travail contre votre gré. Le cerveau, donc l'inspiration, n'est pas limité à un lieu. Lui aussi a besoin d'oxygène, il vous suivra où vous irez... Le contact avec des lieux différents, des visages et des couleurs alimentera votre réflexion.

L'originalité

Osez une écriture personnelle, évitez les clichés ou les expressions convenues, par exemple: «il était maigre comme un clou». Des tournures inédites pimenteront votre texte. Cependant, n'oubliez pas qu'il doit être lisible. Il s'agit tout simplement de faire des associations de mots inhabituelles plus poétiques et suggestives. Un effort supplémentaire ajoutera un petit quelque chose à vos mémoires.

Le respect

Vous écrivez pour vous mais aussi pour être lu un jour. Essayez de distraire le lecteur, de l'amuser tout en l'informant. Penser au lecteur consiste aussi à ne pas dévoiler des éléments trop personnels qui font partie de votre jardin secret. Non seulement ils n'ont aucun intérêt pour autrui, mais ils pourraient aussi choquer inutilement. De plus, vous respecterez le lecteur en lui offrant un texte bien présenté, au vocaculaire soigné, dénué de jargon ou de mots impolis.

Les sentiments

Ils sont la couleur et l'âme de votre récit. N'ayez crainte de faire pleurer ou rire le lecteur, de révéler vos angoisses ou vos joies si le cœur vous en dit. Jean Lapointe n'a-t-il pas appelé ses mémoires, *Pleurires,* et Gabrielle Roy, *La détresse et l'enchantement?*

Relisez le petit aparté que nous avions écrit au début de ce guide. Faites de votre ouvrage un lieu chaleureux, humain et vivant où le lecteur pourra se reconnaître. Au fond, toutes les vies se ressemblent...

Le syndrome de la page blanche

Voilà l'angoisse de tous les écrivains: rester bloqué, paralysé et inhibé devant une feuille qui n'en finit pas d'être blanche. La première chose à faire est de vous installer face à elle. Vous trouverez peut-être cette suggestion ridicule. Mais, pensez-y bien. Plus vous reculerez le moment fatidique, plus vous aurez peur. De toute façon, vous aurez à surmonter cet obstacle. La solution: éviter qu'elle reste blanche trop longtemps. Lancez-vous et jetez des mots sur le papier. Voici quelques conseils pour vous soutenir dans cette épreuve!

Le réchauffement: comme pour la pratique d'un sport, il est bénéfique de procéder à une séance de réchauffement. Déliez votre plume, écrivez n'importe quoi pendant 5 ou 10 minutes. Vous pouvez en profiter pour rédiger la fameuse lettre que vous vous promettez d'écrire depuis si longtemps.

La relecture: relisez ce que vous avez écrit lors de la dernière séance d'écriture, vous serez encouragé à continuer. Rien ne vous empêche d'ailleurs de changer quelques mots ou d'en rectifier l'orthographe. Cela vous permet aussi de vous replonger dans l'atmosphère du récit.

La gestion des difficultés: ne vous laissez pas rebuter par un passage difficile, vous le reprendrez plus tard. Passez à autre chose et continuez une partie facile que vous aviez mise de côté intentionnellement. Tous les écrivains font face à ce problème, même les plus doués.

L'optimisme: limitez votre autocensure et votre autocritique qui sont inutiles et inefficaces pour le travail que vous réalisez. Vous vous devez d'écrire, vous réviserez plus tard. Soyez spontané, laissez les mots s'échapper de votre plume. Vous verrez plus tard comment les ordonner. Avec cette méthode, vous éviterez de passer de longues heures à ruminer votre angoisse devant la feuille blanche.

Le climat de confidences: faites semblant d'écrire des confidences à un être cher, à quelqu'un de réceptif et d'attentif à vos déclarations. De cette façon, vous aurez plus de facilité pour vous exprimer et vos craintes diminueront. De plus, le ton de vos écrits se teintera d'intimité et de cordialité.

L'importance du style

Le style ou comment donner la dernière touche au texte: cette section rassemble une multitude de conseils; inscrits pêle-mêle, vous les choisirez selon leur pertinence et vos besoins. L'éventail proposé répond à vos inquiétudes quant au choix des pronoms, des temps des verbes, de la place de la virgule, etc.

Le narrateur: utilisez le pronom «je» lorsque vous parlez de vous, qui êtes l'acteur principal de l'ouvrage.

Les noms: n'hésitez pas à inclure les noms des gens que vous avez connus. D'une part, ils seront flattés et, d'autre part, votre texte sera plus riche. Lorsque vous racontez un incident dans lequel, par exemple, votre tante est le principal acteur, au lieu d'écrire «ma tante a eu un accident», écrivez «ma tante Louise Liechtele a eu un accident».

Le fil conducteur: soyez concentré sur l'idée que vous désirez développer. Si vous racontez l'achat de votre première voiture, ne parlez pas soudainement de l'accident de votre tante. Vous vous rendrez compte à ce moment-là de l'importance d'un plan.

La cohérence: lisez à haute voix ou même enregistrez ce que vous venez d'écrire. C'est une façon de vérifier si le texte est facilement compréhensible et cohérent.

La précision: soyez spécifique et précis. Pour chaque épisode que vous désirez raconter, posez-vous les questions: où, quand, comment, pourquoi et avec qui. Ce souci de clarté aidera grandement le lecteur à vous suivre dans la progression du récit, qu'il appréciera d'autant plus.

La simplicité: évitez le jargon professionnel et les mots savants. Si vous êtes spécialiste dans un domaine (mécanique, médecine, etc.), ne tenez pas pour acquis que tout le monde connaît les mots que vous utilisez tous les jours. Prenez soin d'expliquer les termes moins usités.

Les phrases: évitez les phrases trop longues, ne les surchargez pas. Assurez-vous qu'elles sont complètes: sujet, verbe et complément. Par exemple: «Le jeune chien (sujet) mange (verbe) les chaussettes (complément) de ma tante.»

Les temps: pensez à la concordance des temps, ne mélangez pas le présent, le passé et le futur, le lecteur pourrait se perdre dans le récit.

La voix active: une phrase est à la voix active lorsque le sujet du verbe fait l'action et ne la subit pas. En français, elle est préférable à la voix passive, alors utilisez-la le plus souvent possible. Par exemple: «Robin a donné une fleur» est préférable à «Une fleur a été donnée par Robin».

Les paragraphes: aérez votre texte. Trois ou quatre paragraphes par page nous semblent une norme raisonnable. La règle de base: une idée par paragraphe et un paragraphe par idée.

Le vocabulaire: variez le plus possible le vocabulaire tout en le gardant simple et compréhensible. Par exemple, dans les descriptions, employez des synonymes, des antonymes, des adjectifs. Vous pouvez remplacer le terme «habiter» par demeurer, loger, résider. Ne vous gênez pas pour consulter le dictionnaire! Quant aux abréviations, évitez-les le plus possible. Qui connaît l'UCC (Union catholique des cultivateurs)? Toutefois, en cas d'utilisation, la première fois écrivez le nom en toutes lettres avec le sigle entre parenthèses: Union catholique des cultivateurs (UCC). Le langage populaire ou argotique pourra colorer votre écriture, mais servez-vous-en avec parcimonie de même que les expressions démodées. Expliquez-les au lecteur.

Le code écrit: le code écrit et le code oral sont distincts et n'ont pas les mêmes règles. Le code oral est moins rigide: il comprend des expressions qui lui sont propres, sans restriction ni respect des règles grammaticales. Veillez à utiliser le code écrit qui répond, par exemple, à des critères de construction de phrases plus sévères.

Le début et la fin d'un paragraphe: les phrases qui les composent sont importantes. L'une donne la première impression ainsi que le ton et l'idée principale alors que l'autre doit clore de façon élégante la section ou le chapitre. Dans les deux cas, choisissez bien les mots et leur place en vérifiant s'ils correspondent à une introduction et à une conclusion.

La ponctuation: n'hésitez pas à consulter une grammaire pour apprendre à surmonter ce genre de difficultés. Voici quelques notions à retenir:
- la virgule: elle marque une pause dans la phrase, la laisse respirer et sépare les termes d'une énumération. Faites attention de ne pas la surutiliser. Exemple: «La presse, la radio, la télévision couvraient l'événement.»

- le point-virgule: dans l'ensemble, il a une fonction d'explication ou de reformulation de la proposition le précédant. Il sert également à séparer les termes d'une énumération. Essayez de ne pas trop l'employer, préférez-lui le point. Dans l'exemple suivant, il a une fonction d'explication: «La vie était dure à cette époque; il n'y avait pas d'eau courante.»

- le point d'exclamation: il s'emploie pour exprimer un sentiment bien marqué, que ce soit la joie, la douleur, l'ironie ou l'admiration. Cependant, n'en abusez pas, il perdrait tout son sens et agacerait le lecteur. L'idée de compassion est illustrée dans la phrase suivante: «Quel malheur pour cet enfant!»

La révision: révisez et corrigez constamment. Saviez-vous que Ernest Hemingway, un écrivain américain célèbre, a réécrit 39 fois la fin de son roman *Pour qui sonne le glas*? Alors, n'hésitez pas à remettre souvent la main à la pâte en évitant toutefois de vous corriger à outrance.

À la fin de ce guide, vous trouverez une bibliographie concernant les dictionnaires, les grammaires, etc. Il est certain que ces outils, sans être indispensables, vous rendront la vie d'écrivain plus facile. Ils coûtent malheureusement très cher, mais vous pouvez sans doute en emprunter à des parents. Au même titre que les albums de photos, ils pourraient faire partie de vos emprunts. Nous ne saurions trop vous recommander de vous rendre à la bibliothèque la plus proche: vous y trouverez, outre des livres qui pourront vous aider, le calme et le silence dont vous avez besoin pour écrire.

La vitalité de vos mémoires

Vous avez fait le tour du langage et de sa mise en forme. Grâce à la mise en application de certaines suggestions, votre texte est bien structuré, cohérent et grammaticalement impeccable. Le style est simple mais agréable, la concordance des temps est parfaite, tous les éléments sont en place pour faire de vos mémoires un ouvrage réussi. Pourtant, vous pourriez encore l'améliorer en y ajoutant tout simplement un peu de fantaisie et de variété. Il suffit de peu de chose pour accroître l'intérêt d'un texte.

De la poésie: incluez dans vos écrits un morceau de poésie qui reflétera votre état d'âme et vos sentiments. Si vous doutez de votre talent, choisissez un poème que vous aimez, ou encore, le couplet d'une chanson.

Des expressions langagières familiales: propres à votre famille, elles personnaliseront vos mémoires. En fouillant dans vos souvenirs, vous en retrouverez quelques-unes. Mettez-les entre guillemets dans le texte. Ces dialogues dynamiseront le texte et recréeront l'ambiance de l'instant dans sa spontanéité. Des mots de dialectes auront le même résultat. Ainsi, Mme Moïsette Thibault utilisait et utilise encore l'expression :«Y n'invente!»

Des citations ou proverbes célèbres: n'hésitez pas à illustrer les idées par des citations pertinentes comme nous l'avons fait dans ce guide. Dans la bibliographie, vous trouverez les références de trois dictionnaires de citations.

De l'humour: efforcez-vous de vous rappeler de faits amusants qui ont sûrement parsemé votre parcours, de l'enfance, où vous avez fait des mauvais coups, à l'âge adulte. Cherchez bien: un petit sourire se dessine déjà sur vos lèvres.

Des anecdotes: dans une histoire, les anecdotes constituent toujours des moments très croustillants du quotidien.

Des extraits de lettres personnelles: vous avez sans doute gardé des lettres (d'un ami, d'un enfant, d'un amour, d'une aïeule...). Transcrivez une partie ou la totalité de l'une d'elles.

Des recettes: vos parents vous ont probablement transmis leurs secrets pour réussir une bonne tourtière, un gâteau, un plat régional. Ces recettes font partie de l'héritage familial qu'il serait intéressant de partager.

Des photos: dans les autobiographies et les biographies, le lecteur en général jette un premier coup d'œil à la section des photos. Insérez-en une trentaine tout en décrivant sommairement la scène. N'oubliez pas: une image vaut mille mots.

Des coupures de journaux: ces documents couvrent aussi bien l'annonce d'un mariage, la rubrique nécrologique, un événement auquel vous ou un des membres de la famille a participé que la première page du journal daté du jour de votre naissance.

Des extraits de journaux intimes: si vous ou un des vôtres avez rédigé un journal, vous avez la possibilité d'en citer certains passages sans oublier de noter quand et qui les a écrits.

Des données statistiques: de prime abord, elles sont arides, mais judicieusement placées, elles peuvent être très informatives et donner des repères au lecteur quant à l'époque, aux lieux, aux coutumes et au contexte social et politique.

Des cartes ou des plans: pourquoi ne pas ajouter des cartes photocopiées et annotées, ou encore dessinées à la main, que ce soit des lieux où vous avez vécu (province, région, ville, quartier, maison) ou des endroits où vous avez voyagé? L'infrastructure se modifie rapidement. Là où coulait un ruisseau il y a 20 ans a été construit un lotissement de maisons. Dans votre coin de pays, la campagne a peut-être aussi reculé...

Des dessins: si nous n'avez pas de talent pour le dessin — vous n'êtes pas le seul! —, demandez à un proche, un ami ou même un artiste local de dessiner pour vous une maison, un paysage ou le portrait d'un enfant. Vous agencerez ces dessins à l'intérieur de vos mémoires et vous pourrez même en retenir un pour la couverture du livre.

Des paroles de chansons: on vous a certainement chanté des berceuses. Pour donner un ton sentimental au passage consacré à l'enfance, inscrivez les paroles de la chanson dont vous vous souvenez. Indiquez qui la chantait et quand.

Des prix ou des récompenses: tous les honneurs que vous avez reçus pour des services rendus à la communauté (bénévolat ou acte de courage), ou pour votre excellence dans le domaine académique ou sportif sont aussi des souvenirs à immortaliser.

En définitive, toutes ces recommandations sont synonymes de variété, de plaisir et de détente pour le lecteur qui ira de surprise en surprise. Il s'introduira dans les souvenirs au gré de ses humeurs. À un certain moment, il aura envie de feuilleter un livre d'images, un autre jour, il éprouvera le besoin d'entrer de plain-pied dans votre vie intime en consultant des extraits de lettres. Il prendra ainsi un réel plaisir à vous lire, aussi grand que celui que vous avez eu à l'écrire.

QUATRIÈME PARTIE

LES DERNIÈRES ATTENTIONS

Le travail de rédaction est presque achevé. Vous avez de quoi être fier. Il reste quelques petits détails à fignoler qui donneront à vos écrits l'aspect d'un ouvrage complet et structuré. Dans un livre, quel qu'il soit, quelques pages essentielles inciteront les gens à l'ouvrir. Nous vous en dévoilons les caractéristiques avant de vous suggérer différentes présentations de ces pages. Ensuite, nous ferons le rappel des divers éléments du livre à vérifier, et en même temps nous nous assurerons de leur juste place. Enfin, nous prendrons soin de la présentation du livre comme de son aspect extérieur. Plus votre ouvrage sera attrayant, plus il fera plaisir aux êtres chers à qui vous l'offrirez.

1

L'ULTIME VÉRIFICATION

Les pages importantes

La page couverture

La couverture du livre est le premier contact avec le lecteur. Elle est donc importante et se doit d'être attrayante. Au titre de l'ouvrage, vous pouvez ajouter des illustrations: un dessin d'enfant, une photographie, etc. Essayez de soigner cette page qui donnera envie au lecteur d'entrer dans vos confidences.

La page-titre

C'est la première page qui se trouve sous la couverture du livre, dont elle reprend essentiellement les mêmes informations: le titre et le nom de l'auteur.

Choisissez un titre bref et simple comme un mot ou une phrase que vous aurez peut-être déjà utilisé dans vos mémoires. Avant de prendre la décision finale, écrivez quelques titres inspirants. Laissez cette feuille de suggestions de côté pendant quelques jours, puis revenez-y pour faire un choix plus éclairé.

Voici des exemples de titres glanés ici et là.

Attendez que je me rappelle
Mes mémoires
Mon histoire
L'histoire de ma vie
Autobiographie
Confessions
Les souvenirs et les regrets aussi
Non, je ne regrette rien
De tout mon cœur
À cœur ouvert
La vie, l'amour, l'espoir (des mots-clés pour vous)
Je me souviens
Mon conte de fées
Ma vie
Quelle vie!
Moi, médecin
Mémoires d'un saltimbanque
Fils de chiffonnier
Au hasard de la vie
Sans regrets
Pensées
Dans ma peau
Pour tout vous dire
Mon miroir
Mes bonheurs, mes malheurs

Le titre peut aussi comporter une partie de poème ou de chanson célèbre. En flânant dans une bibliothèque ou dans une librairie, vous stimulerez votre esprit et votre inspiration. Laissez libre cours à votre imagination. Vous pouvez aussi demander des conseils à des proches; deux têtes valent mieux qu'une. Prenez le temps de choisir un titre qui vous convient et vous satisfait entièrement, car ce livre est le plus important de votre vie.

Les parties essentielles d'un livre

L'INTRODUCTION

Comme son nom l'indique, l'introduction est une entrée en matière, elle permet au lecteur d'entrer dans un livre. Elle sert de lien et de pont entre lui et l'auteur, et peut revêtir différents noms tels que avant-propos ou prologue. La préface, bien qu'elle soit souvent écrite par d'autres personnes, joue sensiblement le même rôle, celui de présenter un ouvrage.

L'introduction est importante également pour situer vos écrits dans le temps et dans l'espace. À cet effet, nous vous conseillons de la terminer en indiquant la date et le lieu où vous étiez au moment où vous acheviez la rédaction de votre ouvrage, et en la signant.

Que mettre donc dans cette introduction? Il n'y a pas de règles absolues. Cependant, il est important de captiver le lecteur dès la première ligne, de lui donner envie de continuer. Elle sert plus ou moins d'apéritif, on pourrait dire qu'elle ouvre l'appétit. Vous pouvez expliquer pourquoi vous écrivez vos mémoires, mentionner qui vous en a donné l'idée, évoquer un souvenir, ou encore faire part de vos difficultés à écrire si ce fut le cas. Naturellement, vous serez plus inspiré si vous écrivez l'introduction en dernier. Voici une liste de suggestions qui vous aidera certainement.

Justifiez votre décision d'écrire vos mémoires, le choix du titre, et expliquez comment vous avez rassemblé tous vos souvenirs.

Vous pouvez mentionner l'intérêt qu'un tel livre peut représenter pour la famille, puisque vous avez traversé des époques différentes de celles de vos enfants et de vos petits-enfants.

Soulignez que vous avez voulu montrer au grand jour certaines périodes de votre vie, des moments forts, heureux ou malheureux, qui sont peu ou pas connus de votre entourage. Précisez que vous avez écrit ces souvenirs en toute honnêteté.

Expliquez que vous avez décidé de les écrire seulement aujourd'hui pour avoir plus de recul, de sérénité et d'objectivité.

Exprimez votre espoir de voir les membres de la famille prendre autant de plaisir à leur lecture que vous en avez eu à les écrire.

Profitez-en également pour dédier vos mémoires à des êtres chers, mais faites-le sur une page à part.

Remerciez ceux qui vous ont aidé dans certaines tâches comme l'élaboration de l'arbre généalogique, la recherche de documents officiels, la reproduction de certains documents, la correction, la dactylographie ou le traitement de textes si c'est le cas, mais surtout pour leur appui moral.

Une chose est sûre, évitez absolument de présenter des excuses à propos de certains aspects de votre vie ou de votre écriture. Soyez positif, vous n'avez rien à vous reprocher!

LA CONCLUSION

Soignez sa composition. C'est la dernière impression du livre que les lecteurs emporteront. Elle peut être une courte réflexion sur le sens de la vie ou un conseil donné aux générations à venir, et illustrée par une citation ou un proverbe. Comme dans l'introduction, on retrouve une certaine structure. On fait généralement une synthèse du développement et ensuite on situe le sujet dans un contexte plus large. N'oubliez pas de la paginer avant de l'inclure dans la table des matières.

LA TABLE DES MATIÈRES

Elle se situe à la fin de l'ouvrage et donne une idée générale du contenu. Elle est importante si vous avez donné des titres à chacun des chapitres. Commencez-la en même temps que vos mémoires. Dès le premier jour d'écriture, insérez dans un cahier à anneaux une feuille intitulée «Table des matières». À chaque partie complétée, écrivez-y le titre. Petit à petit, vous verrez la table des matières grandir, ce qui vous donnera le sentiment d'avoir accompli votre travail. Vous serez satisfait et encouragé à continuer.

Une fois achevée la rédaction, mettez les numéros de pages en regard de chaque section de la table des matières.

Les documents et les photos

Les documents

Vérifiez si vous avez bien photocopié tous les documents. Relisez-les attentivement pour vous assurer une dernière fois de l'exactitude des lieux, des dates et des noms, car vos mémoires vont devenir un livre important de l'histoire de la famille. Choisissez la place qu'ils occuperont: en annexe, au centre du livre ou après chaque chapitre. Dans tous les cas, n'oubliez pas de numéroter les pages et de les indiquer dans la table des matières. Si vous avez déjà un arbre généalogique et que le papier sur lequel il figure est trop grand, assurez-vous qu'il soit pliable. Nous vous conseillons de placer celui-ci à la fin du chapitre sur vos ancêtres, là où il sera le plus utile.

Identifiez les annexes en ayant soin de les numéroter. Suivez la pagination normale et intégrez-les à la table des matières.

Les photos

Avez-vous choisi toutes les photos importantes? Décidez si elles seront éparpillées ou regroupées au milieu de votre livre, les unes à la suite des autres.

Si vous le pouvez, faites-les reproduire afin de conserver les originales. Inscrivez, à l'endos ou sur la page où vous les avez fixées, le nom des personnes présentes, le lieu, la date et l'occasion.

Ces dernières vérifications étant faites, votre manuscrit est fin prêt pour une autre étape: la correction.

2

LA CORRECTION

Le contenu, la forme et la structure ayant été examinés, faites maintenant appel à un œil extérieur pour les vérifier. Nous l'appellerons le correcteur. Il peut être une personne de la famille ou un ami proche en qui vous avez confiance.

Le correcteur idéal

Choisissez votre correcteur avec soin, car il est là pour vous aider et non pour faire une critique acerbe de vos écrits. C'est quelqu'un qui vous donnera des conseils et ne portera pas de jugement de valeur. Vous devez avoir confiance en lui, car il sera votre premier lecteur. Estimez ses capacités à «corriger» vos mémoires, demandez-lui d'être constructif dans ses critiques.

Le correcteur à éviter

Évitez la personne qui voudra se valoriser à vos dépens et avec qui vous ne vous sentez pas à l'aise. Un correcteur n'a pas à prendre un stylo rouge et à barbouiller votre manuscrit tel un maître d'école. Ne confiez pas ce travail à quelqu'un qui aura tendance à effectuer trop de modifications et à vouloir altérer votre texte en profondeur. Il n'est pas ici question de la correction d'un examen de français.

Cependant, ne vous sentez pas humilié ou rabaissé si vous avez plusieurs corrections à apporter à votre texte, cela est tout à fait normal et même souhaitable. Il s'agit d'une correction d'épreuves comme en subissent tous les écrivains, même les plus célèbres. Bienvenue au club! C'est une formalité nécessaire qui assurera à vos mémoires un contenu et une forme très respectables.

La tâche du correcteur

Le correcteur a plusieurs éléments à vérifier:

— les fautes d'orthographe et de grammaire: avez-vous bien accordé les noms et les verbes? Les temps des verbes sont-ils bien employés?
— la structure grammaticale des phrases: est-ce que les phrases sont bien construites? Ont-elles toutes un sujet, un verbe, etc.?
— l'emploi du vocabulaire: y a-t-il des anglicismes, des faux sens, des mots particuliers qui n'ont pas été expliqués, etc.?
— la lisibilité: est-ce que le texte est compréhensible et facile à lire?
— les documents: sont-ils tous intitulés?
— le numéro des pages: les pages sont-elles dans l'ordre? Les numéros se suivent-ils? En a-t-on oublié un?
— la table des matières: est-elle complète? Les numéros de pages correspondent-ils aux différents chapitres?

Vous rendez-vous compte? Vous êtes au bout du voyage. La dernière touche à apporter est de choisir l'emballage du cadeau que vous venez de vous faire et de choisir les personnes à qui vous souhaitez l'offrir.

3

LA PUBLICATION

Nous utilisons les termes «publier» et «publication» dans leur sens large et étymologique. Ainsi, «publier» signifie mettre vos écrits sous forme de livre et les faire connaître au public, même si ce dernier n'est constitué que de quelques individus. Il ne s'agit pas de passer par un éditeur, mais plutôt de faire paraître un ouvrage présentable et lisible.

La mise en page

Vous arrivez à l'étape de la mise en forme du manuscrit. Plusieurs options s'offrent à vous:
— le taper vous-même;
— demander de l'aide à un membre de la famille ou à un ami;
— faire appel aux services de professionnels.

Quelle que soit la solution choisie, la copie originale devrait être tapée uniquement sur le recto de la feuille, car l'écriture transparaît souvent au verso. Si vous désirez plusieurs exemplaires, vous n'aurez qu'à les faire photocopier, comme dans un livre, des deux côtés.

À moins que vous ne soyez un passionné de calligraphie et que vous désiriez que vos mémoires soient non seulement un livre historique pour votre famille mais aussi une œuvre d'art, nous vous conseillons de faire dactylographier votre manuscrit, que se soit à la machine à écrire ou à l'ordinateur. Dans ce dernier cas, demandez, en plus de la copie au propre, une disquette sur laquelle vos mémoires seront enregistrés. Dans quelques années, vous pourrez faire des corrections ou une mise à jour.

Voici une liste d'instructions qui aideront la personne, vous ou quelqu'un d'autre, chargée de taper le manuscrit.

Le numéro des pages

Avant la mise au propre de votre manuscrit, vous avez à décider si vous voulez des exemplaires avec les deux côtés imprimés. Un conseil: si vous désirez l'impression des deux côtés, mettez le numéro des pages en bas au milieu. Ainsi, vous n'aurez pas à les déplacer en fonction de la numérotation paire ou impaire des feuilles.

Les marges

Dans le cas des deux côtés imprimés, les instructions pour les pages paires ou impaires sont différentes. Pour une page paire, vous demanderez à avoir une marge de 4 cm (1 1/2 po) à droite (côté de la reliure) et de 2, 5 cm (1 po) sur les trois autres côtés. Ce seront les mêmes dimensions pour une page impaire, mais la marge la plus grande, celle de 4 cm, sera située à gauche.

Le papier

Utilisez du papier de bonne qualité. Promenez-vous dans les papeteries ou les magasins vendant du matériel de bureau. Vous aurez l'embarras du choix, car il existe tout un éventail de papiers de différentes qualités.

La présentation

Le texte doit être tapé à double interligne ou au moins à une interligne et demie. Chaque nouveau paragraphe doit commencer par un alinéa correspondant à au moins cinq espaces. N'en commencez pas un dans les deux dernières lignes d'une page et n'en finissez pas un à la première ligne d'une nouvelle page.

En les présentant avec goût, vos mémoires auront fière allure. Après tout, vous voulez léguer à vos proches le livre de votre vie.

La reproduction

Votre travail d'écrivain est maintenant complété, ou bien il ne fait que commencer! Vous devez dorénavant vous attarder aux détails de l'édition. Votre tâche d'éditeur débute!

La façon dont vous allez présenter et reproduire vos mémoires va dépendre de vos goûts personnels, du temps que vous voulez y consacrer et surtout de vos moyens financiers.

La première décision à prendre est de déterminer le nombre d'exemplaires que vous désirez. N'oubliez pas d'en garder au moins trois copies. Vous trouverez toujours de nouvelles occasions pour offrir votre ouvrage, que ce soit lors du mariage d'un de vos enfants ou bien à la naissance de vos petits-enfants.

Ensuite, il s'agira de choisir l'enrobage. Voici différentes possibilités, des moins coûteuses aux plus chères. Les deux premiers articles existent en plusieurs couleurs et sont disponibles dans les papeteries.

La chemise ou duo-tang (avec couverture plastifiée transparente)

L'avantage de la transparence est de laisser voir la page couverture. Il vous suffit de trouer vos feuilles et le tour est joué.

Le classeur ou cahier à anneaux

Dans ce cas-ci, vos mémoires seront protégés par une couverture rigide plus durable. Vous n'aurez qu'à insérer les feuilles trouées dans le classeur. Comme précédemment, cette option vous permettra de remettre à jour vos mémoires, si vous le désirez.

La couverture souple

Vous devez faire appel à un relieur, à un imprimeur, à un magasin de reprographie ou même à un club de reliure. Appelez au moins trois de ces endroits pour avoir une idée du coût selon le nombre de pages. Vous n'aurez pas à percer vos feuilles. La reliure pourra se faire de deux façons: en assemblant les pages avec de la colle ou grâce à une spirale. Cette option donnera à vos mémoires l'aspect d'un livre et sera plus satisfaisante. Cependant, après la mise à jour, vous aurez besoin d'une nouvelle reliure.

La couverture rigide

Appelez les mêmes commerçants afin d'obtenir les tarifs pour cette façon de procéder. Vos mémoires seront bien protégés et prendront une allure imposante. Vous en serez fier, nous en sommes persuadés.

À vous de faire vos choix selon vos moyens, vos goûts et vos préférences. Cette étape plus «manuelle» de l'enrobage, à laquelle vous apporterez une touche personnelle, vous excitera et vous donnera la satisfaction immédiate du produit fini. Alors, prenez-y plaisir et fierté!

Et les droits d'auteur?

Toute œuvre bénéficie de la protection de la loi dès sa création. Il suffit, avant de distribuer vos mémoires, d'inscrire au début le sigle ©, la date et votre nom, par exemple:

© 1996, Renée Grandmontagne

Vous aurez ainsi la garantie d'en disposer en propre toute la durée de votre vie plus 50 ans, de pouvoir les copier à votre guise et d'en garder l'exclusivité. Qui sait? Si une maison d'édition accepte d'éditer votre manuscrit, il sera ainsi protégé.

CONCLUSION

Vos mémoires constituent un livre très important et peut-être le plus important de votre vie. C'est le recueil de la vie d'un être humain avec ses joies, ses déchirements, ses rapports avec les autres et les événements, et aussi ses réflexions profondes sur le sens de la vie. Bref, c'est un témoignage d'une valeur inestimable pour ceux que vous aimez qui pourront y puiser quelques leçons de vie.

Nous avons tenté de vous guider le mieux possible dans cette démarche. Grâce à nos connaissances pédagogiques et littéraires, nous avons essayé de devancer vos questions, d'y répondre et de vous mener pas à pas vers la réalisation d'un projet important: écrire vos mémoires. Nous espérons y avoir réussi.

Si vous avez apprécié ce guide, faites-le connaître à vos proches, à vos amis, à vos enfants pour qu'ils puissent, eux aussi, laisser une trace dans ce monde. Vous édifierez ainsi une bibliothèque d'œuvres familiales, héritage pour les générations futures.

Si vous désirez communiquer avec nous, veuillez faire parvenir votre courrier chez notre éditeur à l'adresse suivante:

Sogides ltée
Sylvie Liechtele et Robin Deschênes
955, rue Amherst
Montréal (Québec)
H2L 3K4

ANNEXES

1. OUVRAGES AUTOBIOGRAPHIQUES

Voici une liste diversifiée de plus de 150 autobiographies à lire ou à parcourir...

Québec et Canada

ARCHAMBAULT, Gilles (écrivain). *Un après-midi de septembre.*
BEAUCHEMIN, Yves (écrivain). *Du sommet d'un arbre.*
BÉLANGER, Maurice. *Mon implication au XXe siècle: douze articles écrits en 1992 à l'occasion des fêtes du 350e anniversaire de Montréal.*
BÉLIVEAU, Marcel (producteur d'émissions de télé). *Si la vie était un gag...*
BERGERON, Henri (annonceur franco-manitobain). *Un bavard se tait... pour écrire* et *Le cœur de l'arbre, le bavard récidive.*
BLACK, Conrad (magnat du monde de l'édition). *Conrad Black par Conrad Black.*
BOUCHARD, Lucien (homme politique). *À visage découvert.*
BUISSONNEAU, Paul (metteur en scène). *Les comptes de ma mémoire.*

CARR, Emily (peintre de l'Ouest canadien). *Les maux de la croissance.*

CASTEL, France (comédienne et chanteuse). *Fragile et solide.*

CHAMPAGNE, Andrée (comédienne, ancien ministre). *Champagne pour tout le monde!*

CHRÉTIEN, Jean (premier ministre du Canada). *Dans la fosse aux lions.*

CYR, Louis. *Mémoires de l'homme le plus fort du monde.*

DAIGLE, Chantal (célèbre pour son procès sur l'avortement). *Le seul choix, le mien.*

DAN GEORGE (chef amérindien). *De tout mon cœur.*

DESCHÂTELETS, Louise (animatrice de télé). *La chance était au rendez-vous.*

DESROCHERS, Clémence (humoriste). *Tout Clémence.*

DUCHARME, Yvan (comédien atteint du cancer). *La vie, l'amour et l'espoir.*

DUGUAY, Raôul (poète intellectuel). *Raôul Duguay ou le poète à la voix d'ô.*

ÉTHIER-BLAIS, Jean (écrivain). *Fragments d'une enfance* et *Le seuil des vingt ans.*

FORRESTER, Maureen (cantatrice montréalaise). *Au delà du personnage.*

FROST, Mike et Michel GRATTON. *Moi, Mike Frost, espion canadien...*

GAREAU, Jacqueline (coureuse de marathon). *Au fil des kilomètres.*

GENDRON, Aristide (médecin). *En fouillant dans mes souvenirs.*

GIROUARD, Michel (artiste). *Je vis mon homosexualité.*

GRETZKY, Wayne (joueur de hockey) et R. REILLY. *Gretzky: mon histoire.*

GUILDA (artiste travesti). *Elle et moi.*

HÉTU, Mimi (enfant prodige, chanteuse, convertie). *Du conte de fées à la réalité.*

JASMIN, Claude (cinéaste). *Pour tout vous dire* et *Pour ne rien vous cacher.*

JASMIN, Michel (animateur de télé). *Debout la vie.*

JEAN, Michèle. *Québécoise du XXe siècle.*

LAMOTHE, Jeannette (femme du chanteur country). *Mes 45 ans avec Willie Lamothe.*

LAPOINTE, Jean (chanteur et écrivain). *Pleurires.*

LAVERY, Pierre. *Une page de petite histoire: familles Lavery et Lasnier,* Longueuil 1930: récit autobiographique.

LESCOP, Marguerite (une Outremontaise). *Le tour de ma vie en 80 ans.*

LÉVESQUE, René (ex-premier ministre du Québec). *Attendez que je me rappelle.*

MICHAUD-HUOT, Réjane (une Québécoise). *Jeanne la Charlevoisienne.*

MORIN, Claude (ancien conseiller des premiers ministres). *Les choses comme elles étaient.*

MUIR, Michel. *Les naufragés du ciel.*

PARIZEAU, Alice (écrivain). *Une femme.*

PITSEOLAK (récit d'une femme eskimo). *Le livre d'images de ma vie.*

RIOUX, Albert (agronome, ex-sous-ministre de l'Agriculture et de la Colonisation). *Je me souviens. Mémoires d'Albert Rioux.*

ROBI, Alys (star du Québec des années 40). *Ma carrière et ma vie, enfin toute la vérité.*

ROY, Gabrielle (écrivain). *La détresse et l'enchantement.*

RUFIANGE, André (chroniqueur au *Journal de Montréal*). *Un voyou parmi les stars.*

THIBAULT, Gilles (prisonnier de droit commun). *J'ai passé 42 ans en prison.*

TREMBLAY, Michel (dramaturge et romancier). *Les vues animées* et *Douze coups de théâtre.*

TRUDEAU, Margaret (ex-épouse de Pierre Elliott Trudeau). *À cœur ouvert.*

VACHON, Maurice (lutteur). *Une vie de chien dans un monde de fous.*

France

ALLÉGRET, Catherine (fille de l'actrice Simone Signoret). *Les souvenirs et les regrets aussi.*

BEAUVOIR, Simone de (écrivain intellectuelle). *La force des choses, La force de l'âge* et *Mémoires d'une jeune fille rangée.*

BLED, Édouard (instituteur, auteur des livres de grammaire Bled). *J'avais 1 an en 1900.*

CARDINAL, Marie (écrivain). *Autrement dit.*

CATANI, M. et Mohamed. *Journal de Mohamed. Un Algérien en France parmi cent mille autres.*

CHEVALIER, Maurice (acteur et danseur). *Ma route et mes chansons 1900-1950.*

COLETTE (écrivain). *Mes apprentissages: ce que Claudine n'a pas dit.*

DE GAULLE, Charles (politicien et ex-président de France). *Mémoires de guerre* et *Mémoires d'espoir.*

DEPARDIEU, Gérard (acteur). *Lettres volées.*

DURAS, Marguerite (écrivain). *Marguerite Duras nous confie* (disque).

GAINSBOURG, Serge (chanteur, musicien et cinéaste). *Mon propre rôle.*

GIRARDOT, Annie (comédienne). *Vivre d'aimer.*

GODARD, Jean-Luc (cinéaste). *Godard par Godard: des années Mao aux années 80.*

GOTLIB (auteur de bandes dessinées). *J'existe. Je me suis rencontré.*

GUITRY, Sacha (dramaturge). *Mémoires d'un tricheur.*

INK, Laurence (jeune Française ayant décidé de vivre dans le bois québécois). *Il suffit d'y croire.*

KERSAUSON, Olivier de (animateur de radio, de télé et navigateur). *Mémoires salées.*

LAURENT, Jacques (écrivain alias Cécil Saint-Laurent). *Histoire égoïste.*

LEBLON, Bernard (textes présentés par Bernard Leblon). *Mossa, la Gitane et son destin.*

LELOUCH, Claude (cinéaste). *Ma vie pour un film.*

LENGRAND, Louis et Maria CRAIPEAUX. *Louis Lengrand, mineur du Nord.*

MATHIEU, Mireille (chanteuse). *Oui, je crois.*

MAURIAC, François (écrivain). *Mémoires intérieures.*

MÉRAT, Gérard. *Moi, médecin.*

MITTERRAND, François (ex-président de France) et Elie WIESEL. *Mémoire à deux voies.*

OUZOUF, Jacques. *Nous les maîtres d'école: autobiographies d'instituteurs de la Belle Époque.*

PERCEVAL, J. T. *Perceval le fou, autobiographie d'un schizophrène.*

PERRAULT, Charles (auteur de contes de fées). *Mémoires de ma vie.*

REGGIANI, Serge (chanteur). *Dernier courrier avant la nuit.*

RIBEAUCOUR, Jeanne. *Le placard* (la vie dans un hospice du troisième âge).

SAINT-EXUPÉRY, Antoine de (écrivain et aviateur). *Pilote de guerre.*

SAND, George (écrivain). *Histoire de ma vie.*

SIGNORET, Simone (actrice). *La nostalgie n'est plus ce qu'elle était.*

TAZIEFF, Haroun (vulcanologue). *Ça sent le soufre.*

TROXLER, Tony. *Mémoires d'un saltimbanque* (alsacien).

YOURCENAR, Marguerite (écrivain). *Souvenirs pieux, Archives du Nord* et *Quoi? L'éternité.*

Dans le monde

ANDERSEN, Hans Christian (auteur hollandais de contes de fées). *Le conte de ma vie.*

BARNARD, Christian (le premier médecin ayant fait une greffe du cœur). *Une seconde vie.*

BERBEROVA, Nina (écrivain russe). *C'est moi qui souligne.*

BERGMAN, Ingrid (actrice suédoise). *Ma vie.*

BOWLES, Paul (auteur-culte américain). *Mémoires d'un nomade.*

CHAGALL, Marc (peintre russe). *Ma vie.*

CHAPLIN, Charlie (acteur et cinéaste américain). *Histoire de ma vie.*

CHRISTIE, Agatha (écrivain britannique). *Autobiographie.*

DOUGLAS, Kirk (acteur américain). *Le fils du chiffonnier.*

FAITHFUL, Marianne (chanteuse rock de Grande-Bretagne). *Une vie.*

FILIPOVIC, Zlata (adolescente de Sarajevo en guerre). *Le journal de Zlata.*

FRANK, Anne (adolescente juive se cachant des nazis). *Le journal d'Anne Frank.*

FREUD, Sigmund (fondateur de la psychanalyse). *Sigmund Freud présenté par lui-même.*

GANDHI, Mahatma (architecte non violent de l'indépendance de l'Inde). *Autobiographie ou mes expériences de vérité.*

GARCIA MARQUEZ, Gabriel (écrivain colombien). *Une odeur de goyave.*

GARDNER, Ava (actrice américaine). *Ava.*

GERONIMO (indien d'Amérique). *Mémoires de Geronimo.*

GORBATCHEV, Raïssa (femme du premier secrétaire de l'URSS). *Ma vie.*

GREENE, Graham (écrivain britannique). *Une sorte de vie.*

HEPBURN, Katharine (actrice américaine). *Moi. Histoires de ma vie.*

IACOCCA, Lee (homme d'affaires italo-américain qui a sauvé Chrysler). *Une autobiographie.*

IGLESIAS, Julio (chanteur de charme espagnol). *Julio raconte Iglesias.*

KIPLING, Rudyard (écrivain britannique ayant vécu en Inde). *Au hasard de la vie.*

LESSING, Doris (écrivain britannique). *Dans ma peau.*

MAHMOODY, Betty (Américaine mariée à un Iranien). *Jamais sans ma fille.*

MALCOM X (leader politique noir américain). *L'autobiographie de Malcom X.*

MANDELA, Nelson (leader politique noir d'Afrique du Sud). *Un long chemin vers la liberté.*

MANDELA, Winnie (ex-femme de Nelson Mandela). *Une part de mon âme.*

MEAD, Margaret (anthropologue américaine). *Du givre sur les ronces: autobiographie.*

MEIR, Golda (ex-première ministre d'Israël). *Ma vie.*

MILLER, Arthur (dramaturge américain). *Au fil du temps. Une vie.*

NERUDA, Pablo. *J'avoue que j'ai vécu.*

POLANSKI, Roman (cinéaste polonais). *Roman raconte Polanski.*

REAGAN, Ronald (ex-président des États-Unis). *Une vie américaine.*

SMITH, F. Mary (autobiographie d'une musulmane Haoussa du Niger). *Baba de Karo.*

THATCHER, Margaret (ex-première ministre de Grande-Bretagne). *10, Downing Street* et *Les chemins du pouvoir.*

VAN GOGH, Vincent (peintre hollandais). *Lettres de Vincent Van Gogh à son frère Théo.*

WALESA, Lech (homme politique polonais). *Un chemin d'espoir.*

WILDE, Oscar (poète, dramaturge et écrivain irlandais). *De profundis.*

WOOLF, Virginia (romancière britannique). *Instants de vie.*

ZIEGLER, Jean (parlementaire et professeur d'université suisse). *Le bonheur d'être suisse.*

La bibliothèque idéale de Bernard Pivot
(présentateur d'une émission littéraire à la télévision française)

BERNHARD, Thomas. *L'Origine.*
BERNIS, Cardinal de. *Mémoires.*
CAILLOIS, Roger. *Le fleuve Alphée.*
CANETTI, Elias. *La langue sauvée.*
CASANOVA, Jacques. *Histoire de ma vie.*
CÉLINE, Louis-Ferdinand. *D'un château à l'autre.*
CELLINI, Benvenuto. *La vie de Benvenuto Cellini.*
CHATEAUBRIAND, François René de. *Mémoires d'outre-tombe.*
COMMYNES, Philippe de. *Mémoires.*
DA PONTE, Lorenzo. *Mémoires.*
GOLDONI, Carlo. *Mémoires pour servir à l'histoire de ma vie et à celle de son théâtre.*
GOZZI, Carlo. *Mémoires inutiles.*
LAWRENCE, Thomas Edward. *Les sept piliers de la sagesse.*
LEIRIS, Michel. *L'âge d'homme.*
MALRAUX, André. *Le miroir des limbes.*
NABOKOV, Vladimir. *Autres rivages.*
POWYS, John Cowper. *Autobiographie.*
PROKOSCH, Frederic. *Voix dans la nuit.*
RETZ, Cardinal de. *Mémoires.*
ROUSSEAU, Jean-Jacques. *Les confessions.*
SAINT-AUGUSTIN. *Les confessions.*
SAINT-SIMON. *Mémoires.*
SARTRE, Jean-Paul. *Les Mots.*
SOLJENITSYNE, Alexandre. *Le chêne et le veau.*
STENDHAL. *La vie de Henri Brulard.*

Cette liste de plus de 150 autobiographies a été élaborée après des recherches dans les bibliothèques municipales de Montréal, dans les bibliothèques de lettres des deux universités francophones de Montréal, l'UQAM et l'université de Montréal, ainsi que dans les librairies de la rue Saint-Denis. Nous remercions donc tous les spécialistes anonymes qui, par leurs conseils, nous ont guidés dans nos choix.

2. TABLEAU CHRONOLOGIQUE DES GRANDS ÉVÉNEMENTS DU XXE SIÈCLE

À première vue, ce tableau peut paraître accessoire. Pourtant, il pose des balises et donne des repères sur des événements historiques que vous avez traversés, vécus et qui vous ont touché. Il déclenchera certains souvenirs: par exemple, si vous aviez 20 ans en 1952 et que vous aviez invité votre promise au cinéma, vous êtes peut-être allé voir *Don Camillo* avec Fernandel, le nouveau film qui sortait cette année-là. Dans un autre ordre d'idées, si vous étiez enfant pendant la Deuxième Guerre mondiale, vous vous souvenez sans doute des images, des photos ou des conversations à propos d'Hiroshima. Ou encore en 1966, votre fille adolescente a probablement adopté la minijupe qui faisait fureur à cette époque.

Ce tableau ne se lit donc pas d'un trait; jetez-y un coup d'œil quand vous écrirez sur une période de votre vie. Ces renseignements ajouteront une perspective historique à vos mémoires.

LE DÉBUT DU SIÈCLE:
UNE ÉPOQUE DE PROSPÉRITÉ 1900-1913

1900

Freud publie *L'interprétation des rêves,* c'est le début de la psychanalyse.
À Paris, on célèbre l'Exposition internationale et l'ouverture du métro.
Le premier Zeppelin (premier ballon dirigeable) prend son envol.
On invente l'électrocardiogramme.

1901

La reine Victoria meurt.
Marconi réussit à envoyer des messages télégraphiques de Cornouailles (Grande-Bretagne) vers la province de Terre-Neuve (Canada).
On invente la cellophane.

1902

La guerre des Boers (Afrique du Sud) prend fin.
On achève le Transsibérien (grande voie ferrée de l'URSS).

1903

Henry Ford fonde sa compagnie d'automobiles.
Les frères Wright débutent en aviation aux États-Unis.
Les «Teddy Bears» (ours en peluche) apparaissent.

1904

C'est le début de la guerre russo-japonaise.
La France rompt avec la papauté et interdit l'enseignement à toutes les congrégations religieuses.

1905

En France, la Loi de la séparation de l'Église et de l'État entre en vigueur.
La publicité au néon apparaît.
Einstein publie la théorie de la relativité.
L'Allemagne construit son premier «dreadnought» (bateau de guerre).

1906

Un puissant tremblement de terre secoue San Francisco.

La radio et les dessins animés voient le jour aux États-Unis.

Marie Curie devient la première femme professeur à l'université de la Sorbonne à Paris.

1907

Une loi établit la liberté de culte en France.

À Philadelphie, on célèbre la Fête des mères pour la première fois.

Jannsky découvre les quatre groupes sanguins, ce qui rend possible les transfusions sanguines.

En Angleterre, on instaure les premières mesures d'assurance vieillesse et de soins gratuits dans les écoles.

1908

On fête le tricentenaire de Québec.

La compagnie General Motors commence à produire des automobiles.

La compagnie Ford lance son modèle T, la voiture pour tous, dont les ventes dépasseront les 15 millions de véhicules.

Baden-Powell fonde le scoutisme.

En Angleterre et en France, on institue la journée de travail de huit heures dans les mines.

Landsteiner et Popper isolent le virus de la poliomyélite.

On commence à distribuer des bibles dans les chambres d'hôtels.

1909

Louis Blériot est le premier homme à traverser la Manche à bord de son aéronef.

Les grille-pain électriques sont mis sur le marché.

On met au point des machines à écrire portatives.

Un an après les scouts, les guides commencent leurs activités en Grande-Bretagne.

L'explorateur Robert Peary atteint le pôle Nord.

1910

Marie Curie publie son traité sur la radioactivité.
Un premier studio ouvre à Hollywood.
Aux États-Unis, on compte une voiture pour 44 ménages.
La comète de Halley apparaît dans le ciel.
La longue guerre civile mexicaine de 20 ans débute.

1911

On compte plus de 20 000 véhicules à moteurs immatriculés au Canada.
Amundsen atteint le pôle Sud.

1912

1513 personnes disparaissent lors du naufrage du *Titanic* le 15 avril.
On découvre les vitamines.
Le premier saut en parachute a lieu.

1913

Le réfrigérateur fait son apparition à Chicago.
Les usines Ford adoptent le travail à la chaîne.
On invente la fermeture éclair.
Le fox-trot devient une danse populaire.
On invente les mots croisés.
Les premiers appareils radio arrivent dans les foyers américains.

L'ÉPOQUE DE LA GRANDE GUERRE 1914-1919

1914

C'est le début de la Première Guerre mondiale.
Le canal de Panama est inauguré.
Un Américain invente la photographie couleur.
Jean Jaurès, homme politique français, est assassiné.
Un éditeur français publie *Maria Chapdelaine,* un an après la mort de Louis Hémon.

1915

Les Allemands utilisent des gaz toxiques pour la première fois contre les Russes en Pologne.

Les États-Unis accueillent les visiteurs du monde entier lors de l'Exposition de San Francisco.

1916

La bataille de Verdun fait plus de 700 000 victimes. C'est la guerre des tranchées.

Les Anglais inventent l'acier inoxydable.

1917

Les États-Unis déclarent la guerre à l'Allemagne.

La bataille de Vimy emporte de nombreux Canadiens.

En Russie, c'est la révolution d'octobre.

Sarah Bernhardt fait une dernière tournée en Amérique à l'âge de 72 ans.

Freud publie *Introduction à la psychanalyse*.

L'Original Dixieland Jazz Band commence ses premiers enregistrements.

1918

Une épidémie de grippe espagnole déferle et fait des milliers de victimes dans le monde.

On signe l'armistice le 11 novembre à Rethondes. La Grande Guerre aura fait près de neuf millions de victimes.

Rutherford réussit à désagréger l'atome.

C'est le début de la prohibition aux États-Unis.

Mussolini fonde le Parti fasciste italien.

1919

À Paris, la Conférence de la paix débouche sur le traité de Versailles; l'Allemagne en sort humiliée.

On fonde la Société des nations à Genève; le Canada en devient membre.

La France, la Grande-Bretagne et l'Allemagne adoptent la semaine de 48 heures.

Terre-Neuve et l'Irlande accueillent le premier vol transatlantique sans escale.

Adolf Hitler fonde le Parti nazi.

L'ÉPOQUE DES ANNÉES FOLLES 1920-1928

1920

La prohibition s'étend à la grandeur des États-Unis; plusieurs Canadiens en profiteront.

1921

Banting et Best isolent l'insuline à l'université de Toronto.

La compagnie Kotex met sur le marché les premières serviettes hygiéniques.

1922

Les Anglais Carter et Carnavon découvrent la tombe du roi Toutânkhamon en Égypte.

Le jazz envahit le monde; ce sont les Années folles.

Lénine devient le premier secrétaire de l'URSS.

1923

Staline succède à Lénine en URSS.

À New York, la première clinique de contrôle des naissances ouvre ses portes.

En Allemagne, Hitler rate un putsch à Munich.

1924

La Grande-Bretagne élit son premier gouvernement travailliste.

En Italie, on construit la première autoroute à deux voies.

1925

Un troisième joueur entre dans le marché de l'automobile: la compagnie Chrysler.

Le premier motel ouvre ses portes à San Luis Obispo en Californie.

Les mots croisés et le charleston deviennent à la mode.

Charlie Chaplin tourne *La ruée vers l'or*.

Louis Armstrong enregistre *St. Louis Blues*.

1926

L'Anglais Baird invente les principes de la télévision.

Hitler publie *Mein Kampf*.

1927

Lindbergh traverse l'Atlantique sans escale en monoplan en 33 heures; il relie ainsi New York à Paris.

1928

Fleming découvre la pénicilline, le premier antibiotique.

Szent-Györgyi isole la vitamine C.

Jacob Schick invente le rasoir électrique.

Naissance de Mickey Mouse.

Maurice Ravel compose *Le boléro*.

Le scientifique Hubble réussit à prouver la théorie de l'expansion de l'univers.

Le droit de vote est accordé aux femmes en Angleterre.

L'ÉPOQUE DE LA GRANDE DÉPRESSION: 1929-1939

1929

Début de la grande crise économique commençant par l'effondrement de la Bourse de New York.

Le taux de chômage monte en flèche et aucune indemnité n'existe: c'est la misère dans de nombreuses grandes familles.

Avec les accords de Latran, on crée l'État de la Cité du Vatican.
New York inaugure son musée d'Art moderne, le MOMA.
Hallelujah devient le premier film parlant.

1930

À New York, on complète la construction de l'Empire State Building, un édifice de 102 étages.
Les premières machines à boules *(pinballs)* apparaissent en Amérique.
En Inde, Gandhi commence sa campagne de désobéissance civile.

1931

Le statut de Westminster déclare l'indépendance du Dominion du Canada.
Le premier tracteur diesel fait son apparition dans les champs.
Charlie Chaplin tourne *Les lumières de la ville*.
RCA Victor invente le microsillon 33 tours.

1932

Des Allemands inventent le microscope électronique.

1933

Hitler devient chancelier de l'Allemagne et très vite se fait accorder les pleins pouvoirs.
La Loi du New Deal est adoptée pour sortir l'Amérique du marasme financier.
Charles Darrow, un Américain au chômage, invente le jeu Monopoly.
Les États-Unis mettent fin à la prohibition.
Le film *King Kong* apparaît sur les écrans des salles de cinéma.

1934

Hitler devient le Reichführer.
L'Allemand Kuhnold invente le radar.

1935

C'est la mode de la rumba.

Les parcomètres font leur apparition.

On commence à utiliser les traitements de chimiothérapie par les sulfamides.

Les lois de Nuremberg déclarent les Juifs hors-la-loi en Allemagne.

1936

Charlie Chaplin tourne *Les temps modernes,* et *Autant en emporte le vent* de Margaret Mitchell est porté à l'écran.

La guerre civile d'Espagne commence, Franco devient chef d'État et généralissime.

Le Parti socialiste de Léon Blum prend le pouvoir en France.

En France, on adopte la semaine de 40 heures et les deux semaines de vacances payées par année.

1937

Les États-Unis mettent la touche finale au pont Golden Gate à San Francisco.

Carothers découvre le nylon.

On effectue les premiers essais du moteur à réaction d'avion.

Walt Disney présente la première version du film *Blanche-Neige et les sept nains.*

La compagnie suisse Nestlé invente le café instantané.

1938

Hitler fait arrêter 30 000 Juifs et occupe l'Autriche.

La Volkswagen (voiture du peuple) devient accessible aux Allemands.

Kendall isole la cortisone.

On invente le premier stylo à bille.

La psychiatrie commence à employer l'électrochoc.

L'ÉPOQUE DE LA DEUXIÈME
GUERRE MONDIALE: 1939-1945

1939

C'est la fin de la guerre civile d'Espagne. Franco règne.

La guerre éclate en Europe à la suite de l'invasion de la Pologne par l'Allemagne.

Les États-Unis déclarent leur neutralité.

On met au point les DDT qu'on utilise contre les doryphores en Suisse.

1940

Les Allemands sont à Paris et Pétain demande l'armistice. Le général de Gaulle appelle les Français à la résistance.

On utilise la pénicilline à grande échelle comme antibiotique.

Chaplin tourne *Le dictateur* et Hitchcock, *Rebecca*.

1941

Les États-Unis entrent en guerre contre les forces de l'axe et le Japon.

L'Allemagne envahit l'URSS.

1942

Les nazis adoptent la solution finale pour les Juifs.

L'université de Chicago construit le premier réacteur nucléaire.

Curtiz tourne *Casablanca* et Walt Disney tourne *Bambi*.

1943

Churchill et Roosevelt sont à Québec pour la conférence des Alliés pour préparer le débarquement en Normandie.

La streptomycine (antibiotique) commence à être utilisée pour combattre la tuberculose.

Aux États-Unis, le projet Manhattan débute la construction des bombes atomiques.

1944

Les Alliés débarquent en Normandie le 6 juin, jour J.

Les femmes obtiennent le droit de vote en France.

1945

Le 8 mai, on célèbre la victoire des Alliés.

Le 6 août, les États-Unis lancent une bombe atomique sur Hiroshima.

Le 9 août, les États-Unis lancent une deuxième bombe sur Nagasaki; le Japon capitule en septembre.

On estime que la Deuxième Guerre mondiale a fait 40 millions de morts.

On fonde l'Organisation des Nations Unies (ONU) pour assurer la sécurité internationale.

Le procès de Nuremberg contre les crimes de guerre débute.

Hitler et Mussolini meurent.

LES ANNÉES DE L'APRÈS-GUERRE: 1945-1960

1946

C'est la première session de l'ONU. On crée la United Nations Educational Scientific and Cultural Organization (UNESCO) et la United Nations Children's Emergency Fund (UNICEF).

Le bikini apparaît sur les plages.

Cannes (France) lance son premier festival du film.

1947

On invente le four à micro-ondes.

L'Inde britannique obtient son indépendance.

Les États-Unis mettent en place le plan Marshall d'aide économique pour la reconstruction de l'Europe.

Elia Kazan tourne *Un tramway nommé désir* adapté du livre de Tennessee Williams.

On invente l'appareil photo Polaroïd.

1948

On crée un État juif en Palestine: Israël.

Le leader indien Mahatma Gandhi est assassiné.

Les Nations Unies adoptent la Déclaration universelle des droits de l'homme.

On invente le transistor aux États-Unis.

1949

On met au point la cortisone.

Les communistes prennent le pouvoir en Chine.

Le pape excommunie les catholiques communistes.

Terre-Neuve entre dans la Confédération.

1950

La guerre de Corée débute.

Les États-Unis, le sénateur McCarthy en tête, lancent la chasse aux communistes, dénommée «la chasse aux sorcières».

Les communistes chinois s'emparent du Tibet.

Les premières cartes de crédit Diners Club apparaissent aux États-Unis.

1951

Aux États-Unis, on construit le premier réacteur nucléaire pour produire de l'électricité.

1952

Le film *African Queen* de John Huston triomphe.

Au cinéma, on peut voir *Le train sifflera trois fois* de Zinneman et *Don Camillo* de Duvivier avec Fernandel.

Les États-Unis construisent le *Nautilus,* le premier sous-marin nucléaire.

Les États-Unis procèdent aux premiers essais nucléaires dans le Pacifique Sud.

1953

En URSS, Staline meurt et Khrouchtchev est nommé premier secrétaire du Parti.

On réussit à décrire la structure de la molécule d'ADN.

La guerre de Corée prend fin.

Edmund Hillary atteint le sommet de l'Everest.

1954

On met au point un vaccin contre la poliomyélite.

On réussit la première greffe du rein.

Le Viêt-nam est divisé en deux États.

Les Américains mettent au point la première bombe H.

Fellini tourne *La strada*.

1955

Félix Leclerc enregistre *Moi, mes souliers*.

Les briques Lego pour enfants arrivent sur le marché.

L'Union soviétique signe le pacte de Varsovie avec sept pays du bloc de l'Est.

Disneyland ouvre ses portes en Californie.

1956

Elvis Presley lance la vogue du rock and roll.

On met en service le premier câble téléphonique transatlantique.

Aux États-Unis, la pilule anticonceptionnelle est mise au point.

1957

Jack Kerouac publie *Sur la route*.

Le traité de Rome réunit six États européens pour former la Communauté économique européenne (CEE).

Les Russes mettent en orbite le premier satellite artificiel: Spoutnik 1.

1958

Les États-Unis créent l'Administration nationale de l'aéronautique et de l'espace (NASA).

Charles de Gaulle fait adopter la constitution de la Ve République et devient président de la France.

Un Suédois invente le stimulateur cardiaque.

Le pape Jean XXIII succède à Pie XII.

Les premiers disques stéréophoniques sortent sur le marché.

Les ordinateurs de deuxième génération font leur apparition dans les industries.

Les beatniks sont à la mode.

1959

Fidel Castro mène la révolution à Cuba.

Le Dalaï-Lama s'enfuit du Tibet envahi par la Chine.

Au cinéma, on peut voir *Hiroshima mon amour* de Resnais et *Les quatre cents coups* de Truffaut.

La poupée Barbie arrive dans nos foyers.

LES ANNÉES DE CONTESTATION: 1960-1979

1960

Les Américains élisent John Fitzgerald Kennedy président des États-Unis.

Plusieurs nations africaines obtiennent leur indépendance.

L'Organisation des pays exportateurs de pétrole (OPEP) est créée.

La France adopte une nouvelle unité monétaire: le nouveau franc.

On met au point le premier Laser.

Au cinéma, Hitchcock tourne *Psychose* et Fellini tourne *La dolce vita*.

Le Pop Art est à la mode.

Les livres de poche en français font leur apparition.

1961

Les Russes érigent le mur de Berlin.

Les Américains subissent un échec à la baie des Cochons à Cuba.

Texas Instruments construit son premier microcircuit intégré aux États-Unis.

1962

Gilles Vigneault enregistre son premier disque.

On met en orbite le premier satellite de télécommunications.

La crise des missiles à Cuba entraîne la planète au bord de la guerre nucléaire.

Marilyn Monroe se suicide à l'âge de 36 ans.

1963

Le président des États-Unis, John F. Kennedy, est assassiné à Dallas le 22 novembre.

Les États-Unis et l'URSS disposent maintenant du téléphone rouge.

Le pape Jean XXIII meurt et Paul VI lui succède.

Yasser Arafat crée le mouvement de résistance Al Fatah contre Israël.

On présente le premier magnétophone à cassettes à Berlin.

Hitchcock tourne *Les oiseaux*.

Le groupe britannique The Beatles accède à la renommée internationale.

1964

Plusieurs émeutes raciales ébranlent les États-Unis.

Martin Luther King reçoit le prix Nobel de la paix.

C'est le début de la guerre du Viêt-nam.

Johnson est élu président des États-Unis.

Jacques Lacan fonde l'École freudienne de Paris.

Brejnev remplace Khrouchtchev à la tête du Parti en URSS.

Une compagnie américaine crée le militaire miniature G. I. Joe.

1965

Le Canada adopte un nouveau drapeau: l'unifolié.
C'est le début de la révolution culturelle en Chine.
Les Noirs américains font campagne pour les droits civiques.

1966

La minijupe fait fureur.
Une sonde soviétique se pose sur la lune.
Mao publie le *Petit Livre rouge*.
Le mouvement hippie débute aux États-Unis.
On organise un «love-in» à San Francisco pour protester contre la guerre du Viêt-nam.
Claude Lelouch tourne *Un homme et une femme*.

1967

Le général de Gaulle lance son fameux «Vive le Québec libre!» lors d'une visite officielle au Québec.
Montréal accueille l'Exposition universelle.
Ô Canada de Calixa Lavallée devient l'hymne national du Canada.
Israël écrase l'Égypte lors de la guerre des Six Jours.
Che Guevara est assassiné en Bolivie.
Les colonels s'emparent du pouvoir en Grèce.
L'industrie reçoit ses premiers robots industriels.
Le cardiologue sud-africain Christian Barnard réussit la première transplantation cardiaque en Afrique du Sud.

1968

La Trudeaumanie s'empare du Québec et Pierre Elliott Trudeau devient premier ministre du Canada.
Les Russes envahissent la Tchécoslovaquie: c'est le printemps de Prague.
Le pape Paul VI s'oppose à toute forme de contraception artificielle.
Richard Nixon est élu président des États-Unis.

Plusieurs pays doivent faire face à la colère des étudiants. En France, c'est mai 68.

On met au point le scanner.

Martin Luther King et Robert F. Kennedy sont assassinés.

1969

Neil Armstrong devient le premier homme à marcher sur la lune le 20 juillet.

L'avion supersonique Concorde effectue son premier vol.

La compagnie Boeing lance son supergéant, le 747.

Les catholiques et les protestants d'Irlande du Nord commencent à s'affronter.

400 000 jeunes se réunissent à Woodstock en guise de protestation contre la guerre du Viêt-nam.

Georges Pompidou devient président de la France.

1970

Le Front de libération du Québec (FLQ) provoque la crise d'Octobre en enlevant un diplomate et en tuant le ministre du Travail, Pierre Laporte.

Le général de Gaulle meurt.

La toxicomanie s'étend à travers les pays occidentaux; Jimi Hendrix et Janis Joplin meurent d'une surdose.

Les premiers mouvements écologistes commencent leurs activités aux États-Unis.

Le groupe britannique The Beatles se sépare.

1971

L'ONU admet la Chine populaire.

La société Intel met en vente ses premiers microprocesseurs.

Idi Amin Dada prend le pouvoir en Ouganda.

La Suisse accorde le droit de vote aux femmes.

Stanley Kubrick tourne *Orange mécanique*.

1972

Un attentat terroriste palestinien vient assombrir les Jeux olympiques de Munich en Allemagne.

Le scandale du Watergate débute et plonge le président Nixon dans l'eau chaude et le force à démissionner en 1974.

Au cinéma, on peut voir *Le parrain* de Coppola, *Le dernier tango à Paris* de Bertolucci et *La grande bouffe* de Ferreri.

1973

Le général Pinochet renverse le régime Allende au Chili.

La Grande-Bretagne, l'Irlande et le Danemark se joignent à la Communauté économique européenne (CEE).

L'Organisation des pays exportateurs de pétrole (OPEP) provoque une crise de l'énergie en quadruplant le prix du pétrole.

1974

V. Giscard d'Estaing succède à Pompidou à la présidence de la France.

Gerald Ford remplace Richard Nixon à la suite de l'affaire du Watergate.

Le maréchal Tito devient le président à vie de la Yougoslavie.

L'Inde met au point sa bombe atomique.

Au cinéma, c'est l'époque d'*Emmanuelle* de Jackin et de *Chinatown* de Polanski.

1975

L'ONU déclare 1975 «Année internationale de la femme».

À la mort de Franco, Juan Ier devient roi constitutionnel de l'Espagne.

Les premiers micro-ordinateurs sortent sur le marché.

Sony avec le Beta et JVC avec le VHS se font la lutte pour le format vidéo.

Au cinéma, on peut voir *Les dents de la mer* de Spielberg et *Vol au-dessus d'un nid de coucou* de Forman.

1976

Luc Plamondon et Michel Berger créent l'opéra rock *Starmania*.

Jimmy Carter, démocrate, devient président des États-Unis.

La mort de Mao Tsé-Toung entraîne une «démaoïsation» en Chine.

Les manipulations génétiques rendent possible le clonage.

1977

Le gouvernement Lévesque adopte la loi 101 qui fait du français la seule langue officielle du Québec.

Amnistie Internationale reçoit le prix Nobel de la paix.

Leonid Brejnev prend les commandes de l'URSS.

Elvis Presley meurt au mois d'août à l'âge de 42 ans.

À Paris, on inaugure le centre Georges-Pompidou.

Au cinéma, c'est la sortie de *Rencontres du 3ᵉ type* de Spielberg et de *La guerre des étoiles* de George Lucas.

1978

La première fécondation *in vitro* est réussie en Angleterre.

Jean-Paul II, un Polonais, devient pape après le court règne de 33 jours de Jean-Paul Iᵉʳ.

Israël et l'Égypte signent l'accord de Camp David.

Jim Jones mène 900 disciples de sa secte au suicide en Guyane.

1979

La Cour suprême du Canada déclare la loi 101 du Québec inconstitutionnelle.

L'URSS envahit l'Afghanistan; la guerre durera 10 ans.

Un incident nucléaire survient à la centrale de Three Mile Island aux États-Unis.

C'est le début du mandat de Margaret Thatcher en tant que première ministre de Grande-Bretagne.

L'ayatollah Khomeiny prend le pouvoir en Iran après le retrait du schah qui se réfugie en France.

Les sandinistes remportent la victoire au Nicaragua.
Les écrans de cinéma projettent *Apocalypse Now* de Coppola et *Manhattan* de Woody Allen.

LES ANNÉES D'AUSTÉRITÉ: DE 1980 À NOS JOURS

1980

La majorité des Québécois votent non (60 %) au référendum demandant le mandat de négocier la souveraineté-association.
Ronald Reagan devient président des États-Unis.
Lech Walesa fait reconnaître le syndicat Solidarité en Pologne.
62 pays sur 153 boycottent les Jeux olympiques de Moscou.
Marguerite Yourcenar devient la première femme à siéger à l'Académie française.
Le maréchal Tito meurt en Yougoslavie.
John Lennon est assassiné à New York en sortant de chez lui.

1981

Le prince Charles épouse Diana Spencer en Angleterre.
La navette *Columbia* fait sa première sortie.
Le pape Jean-Paul II, victime d'un attentat, est grièvement blessé.
Le peuple français élit un président socialiste: François Mitterrand.

1982

Le Japon lance sur le marché le disque compact au laser.
Les îles Malouines sont le foyer d'un conflit armé entre l'Argentine et le Royaume-Uni.
Au cinéma, on peut voir *E. T.* de Spielberg.

1983

Plusieurs États africains subissent une dure sécheresse.
Le syndrome d'immuno-déficience acquise (SIDA) fait son apparition.
Hergé, le créateur de Tintin, disparaît le 3 mars.

1984

Les mineurs de charbon britanniques font une longue grève qui durera un an.

Les pays communistes boycottent les Jeux olympiques de Los Angeles.

Ronald Reagan est réélu président des États-Unis.

Des émanations de gaz toxiques tuent plus de 2000 personnes à Bhopal en Inde.

Au cinéma, on peut voir *Gremlins* de Dante, *Paris Texas* de Wenders et *Amadeus* de Forman.

1985

L'Espagne et le Portugal deviennent membres de la CEE.

Le *Rainbow Warrior* de Greenpeace est coulé par la marine française près de la Nouvelle-Zélande.

1986

Le film de Denys Arcand *Le déclin de l'empire américain* remporte un immense succès, même en France.

Une catastrophe nucléaire à la centrale de Tchernobyl a lieu le 26 avril.

On décrète l'interdiction absolue de chasser la baleine dans le monde.

1987

Reagan et Gorbatchev signent un traité sur l'élimination des euromissiles à portée intermédiaire.

1988

Le Canada et les États-Unis signent l'accord de libre-échange nord-américain (ALENA).

George Bush devient président des États-Unis.

Le coureur Ben Johnson perd sa médaille d'or aux Olympiques de Séoul pour avoir fait usage de stéroïdes anabolisants.

1989

L'accord de libre-échange nord-américain entre en vigueur le 1er janvier.
En France, on fête le bicentenaire de la Révolution française.
Le 9 novembre, le mur de Berlin tombe.
Le dictateur roumain Ceaucescu est exécuté en décembre.

1990

La fille des auteurs, Izabo, naît à 6 h 50, le 30 juin à Mission (C.-B.).
On assiste à l'unification des deux Allemagnes.
La guerre du Golfe retient toute l'attention médiatique.

1991

L'éclatement de la Yougoslavie entraîne le début d'une guerre civile.
Le 25 décembre, l'URSS disparaît faisant place à la Communauté des États indépendants.

1992

Bill Clinton devient le 42e président des États-Unis.
La conférence de Rio sur l'environnement réunit 178 pays au Sommet de la terre en juin.
La fin de l'apartheid amène la libération de Nelson Mandela qui devient président de l'Afrique du Sud lors d'élections démocratiques.
Les Olympiques d'été ont lieu à Barcelone.

1993

Le libre-échange européen entre en vigueur le 1er janvier.
La Tchécoslovaquie est divisée en deux républiques indépendantes, une tchèque, l'autre slovaque.

1994

Le Parti québécois remporte les élections au Québec avec Jacques Parizeau comme chef.
Lucien Bouchard est attaqué par la bactérie «mangeuse de chair» et doit se faire amputer la jambe droite.

1995

Le 30 octobre, le référendum sur la souveraineté du Québec divise la population: Oui: 49, 4 %, Non: 50, 6 %. Jacques Parizeau démissionne de ses fonctions à la suite de sa défaite référendaire.

La France reprend ses essais nucléaires dans le Pacifique Sud après l'élection de Jacques Chirac à la présidence.

3. DES QUESTIONS À VOUS POSER

Des questions, encore des questions!

Si vous ne vous sentez pas rassasié par les questions contenues dans les aide-mémoire inclus dans le texte, en voilà plusieurs qui vous aideront à raviver mille et un détails auxquels vous n'auriez peut-être pas pensé spontanément. Abreuvez-vous donc de ce flot de questionnement élaboré de façon systématique et structurée. Ici la modération n'a pas meilleur goût. Laissez-vous enivrer. Bien sûr, il n'est nullement nécessaire de répondre à toutes ces questions. Sélectionnez celles qui vous conviennent.

Pour commencer vos mémoires: un tournant dans votre vie

Vous rappelez-vous un problème majeur auquel vous avez dû faire face au cours de votre vie? De quelle nature était-il?

Avez-vous déjà rencontré une personne qui a eu une influence déterminante sur votre vie et qui, en raison de sa personnalité ou de son comportement, a changé votre existence? Qui est-elle? Pouvez-vous la décrire et raconter comment elle a agi?

Avez-vous souffert d'une maladie ou avez-vous été victime d'un accident? Avez-vous été obligé de rester alité? Si oui, avez-vous pris des décisions majeures impliquant un changement dans votre vie? Lesquelles?

Une modification du statut familial (mariage, divorce, veuvage, remariage, enfants) a-t-elle été marquante et significative dans votre vie? Décrivez comment vous l'avez vécue et de quelle façon vous vous en êtes sorti.

Une nouvelle orientation professionnelle a-t-elle été synonyme de bouleversements (déménagement, divorce, dépression, etc.)? Racontez ces expériences.

Vos origines

Vos ancêtres

Quel est l'ancêtre le plus éloigné que vous pouvez nommer? Quel est votre dernier souvenir avec lui?

Quel est le plus vieux avec lequel vous avez eu des contacts? Parlez de votre relation.

Vous rappelez-vous d'un incident particulier le concernant? Racontez-le.

Que savez-vous de vos arrière-grands-parents?

Vos grands-parents

Quels sont les noms, les dates et les lieux de naissance de vos grands-parents?

Pouvez-vous vous rappeler d'anecdotes à leur sujet?

Racontez un incident dans lequel ils avaient joué un rôle.

Avez-vous reçu un héritage? Si oui, détaillez son contenu et décrivez votre réaction le jour où vous l'avez appris.

Vos parents

Comment vos parents se sont-ils rencontrés?

Racontez comment ils se fréquentaient à l'époque.

Quand vous étiez petit, vos parents s'entendaient-ils plutôt bien ou plutôt mal? Justifiez votre réponse.

Votre mère

Que savez-vous de l'enfance de votre mère? De quel milieu social était-elle issue?

Quelle a été sa vie avant son mariage?

Pouvez-vous la décrire physiquement à différentes époques de sa vie?

Vous rappelez-vous d'une anecdote qui la caractérise bien?

Quel était son niveau d'éducation?

Travaillait-elle à l'extérieur ou est-elle restée à la maison?

Quels étaient ses talents et ses intérêts?

Était-elle impliquée socialement dans des causes politiques comme, par exemple, le droit des femmes? Faisait-elle du bénévolat?

Quelles sont les habiletés et les talents dont vous avez hérité?

Vous souvenez-vous des traits marquants de sa personnalité?

Quels étaient, à votre avis, sa plus grande qualité et son plus grand défaut?

Avez-vous les qualités émotives de votre mère? Lesquelles?

Comment concevait-elle l'éducation des enfants?

Quelle était son attitude envers la sexualité?

Connaissez-vous les déceptions ou les tragédies de sa vie? Décrivez-les.

Quelles étaient ses convictions religieuses?

Était-elle en bonne santé?

Quelle est la valeur la plus importante transmise par votre mère?

Est-elle décédée? Si oui, comment? Qu'a-t-elle laissé en héritage?

Votre père

Que savez-vous de l'enfance de votre père? De quel milieu social venait-il?

Quelle a été sa vie avant son mariage?

Pouvez-vous le décrire physiquement à différentes époques de sa vie?

Pouvez-vous raconter une anecdote qui le caractérise bien?

Quel était son niveau d'éducation?

Quel(s) emploi(s) a-t-il occupé(s)?

Quels sont les talents et les habiletés dont vous avez hérité?

Quelles relations entretenait-il avec les gens?

S'impliquait-il socialement? Dans quels domaines?

Quels étaient les traits marquants de sa personnalité?

Quels étaient, à votre avis, sa plus grande qualité et son plus gros défaut?

Faisait-il figure d'autorité dans la famille? Aviez-vous peur de lui quand vous étiez petit? Pourquoi?

Quelle était son attitude envers la sexualité?

Quelles ont été les déceptions ou les tragédies de sa vie? L'avez-vous déjà vu pleurer?

Quelles étaient ses croyances religieuses?

Était-il en bonne santé?

Quelle est la valeur la plus importante transmise par votre père?

Est-il décédé? Si oui, comment? Qu'a-t-il légué?

Les autres membres de la famille

Avez-vous eu des anecdotes au sujet de vos oncles, tantes et cousins, frères et sœurs ou proches?

Vous

Quel prénom vous a été donné à la naissance?

Qui vous l'a donné? Y avait-il une raison particulière (prénom d'un grand-parent, d'un parrain, d'une marraine, d'un héros ou d'une héroïne de cette époque)?

Quel est votre nom aujourd'hui? S'il est différent de celui de votre naissance, est-ce par mariage, adoption, changement officiel?

Êtes-vous marié(e), célibataire, divorcé(e) ou veuf (ve)?

Qui est votre compagne ou votre compagnon?

Avez-vous plusieurs compagnons ou compagnes de vie? Si oui, qui sont-ils?

Où vivez-vous actuellement?

Faites-vous partie d'un ordre religieux, d'un parti politique, d'une association, d'un club? Pourquoi vous y êtes-vous inscrit?

Ou vous définissez-vous comme libre penseur? Donnez vos raisons.

Que faisiez-vous ou que faites-vous pour gagner votre vie actuellement?

Est-ce que votre travail vous définit ou bien vous caractérisez-vous plus par votre rôle familial ou vos intérêts? Par exemple, êtes-vous plus Pierre le plombier ou bien Pierre le mari, ou encore Pierre le père fou de motoneige qui gagne sa vie en travaillant comme plombier?

Avez-vous une bonne santé? Si non, quels ennuis avez-vous eus?

Qu'est-ce que vous aimez faire?

Si vous n'aviez aucun problème d'argent ou de santé, quelles activités choisiriez-vous, comment passeriez-vous votre temps?

Les amis

Qui sont vos amis?

Qui aimez-vous le plus côtoyer?

À quelles occasions vous réunissez-vous?

Votre famille proche

Avez-vous eu des enfants, des petits-enfants, des arrière-petits-enfants? Qui sont-ils?

Avez-vous des frères et sœurs? Donnez leurs noms et dates de naissance.

Votre petite enfance (0 à 5 ans)

Quand êtes-vous né? Donnez la date et l'heure de votre naissance. Vous a-t-on raconté des anecdotes à ce sujet?

Quel était votre poids?

Quelle était la couleur de vos yeux et de vos cheveux?

Y a-t-il eu des complications lors de l'accouchement? La grossesse s'était-elle bien déroulée? Racontez ce que vos parents vous ont révélé.

Vos parents attendaient-ils un garçon ou une fille? Ont-ils été déçus? Si oui, pourquoi? L'avez-vous perçu tout au long de votre enfance?

Êtes-vous né à l'hôpital ou à la maison?

Dans quelle situation financière vos parents se trouvaient-ils à ce moment-là?

Sous quel climat êtes-vous né? Quel temps faisait-il le jour de votre naissance?

Combien de frères et de sœurs sont nés avant vous? Quel âge avaient-ils lorsque vous êtes né?

Combien d'enfants sont nés après vous?

Qui d'autre vivait dans la maison?

Y avait-il des grands-parents, des oncles ou des tantes qui vivaient à proximité?

Dans le cas de principes confessionnels, avez-vous été baptisé?

Quel était le niveau scientifique de la société le jour de votre naissance (voiture, machine à laver, etc.)?

Qu'est-il arrivé dans votre pays et dans le monde le jour et l'année de votre naissance?

Premiers souvenirs
Vous et votre environnement familial

Vous rappelez-vous d'une chanson, d'une berceuse que l'on vous chantait? Inscrivez-en les paroles.

Vous souvenez-vous du visage de votre père ou de votre mère au-dessus du berceau? Quelle est l'impression qui vous en reste?

À quoi ressemblait la chambre dans laquelle vous dormiez? De quelle couleur était-elle? Y avait-il des images sur les murs? La partagiez-vous avec vos frères et sœurs?

Quel genre d'habitation vos parents occupaient-ils? Étaient-ils propriétaires ou locataires? Vous souvenez-vous de l'adresse? Décrivez l'environnement intérieur et extérieur.

Y a-t-il un événement qui a marqué votre petite enfance de façon particulière? Racontez-le.

Avez-vous des souvenirs de maladies comme la rougeole, la varicelle, les oreillons? Expliquez pourquoi ces souvenirs sont désagréables ou agréables.

Êtes-vous allé à l'hôpital? Faites le récit d'une de vos journées passées dans ce genre d'établissement.

Est-ce que votre entourage ou votre parenté a eu des problèmes de santé qui vous ont perturbé? Votre mère ou votre père ont-ils été hospitalisés? Quelles en ont été les conséquences psychologiques et physiques sur vous et sur votre famille?

Comment vous entendiez-vous avec vos frères et sœurs?

Quelles étaient vos activités quotidiennes (lecture, chant, musique...)?

Quel genre de discipline régnait à la maison?

Aviez-vous des tâches à accomplir? Lesquelles?

Possédiez-vous un animal de compagnie? Comment s'appelait-il? Quelles étaient ses habitudes?

Votre imaginaire

Quelle était votre comptine, votre histoire préférée?

Considériez-vous votre animal en peluche ou votre poupée comme des humains? Parlez de cette relation.

Un ami imaginaire vivait-il dans votre décor? Comment entriez-vous en contact avec lui?

Quels étaient vos rêves, vos désirs ou vos ambitions?

Vouliez-vous être pompier, infirmière, docteur, institutrice, policier...? Pourquoi?

Comment, avec vos yeux d'enfant, imaginiez-vous cette profession?

Affectivement, vous sentiez-vous en sécurité? Si non, pourquoi ? De quoi aviez-vous le plus peur?

Craigniez-vous de perdre un de vos parents au cours d'une guerre ou pour d'autres raisons? Qu'est-ce qui a provoqué cette crainte?

Les traditions et les fêtes

Quel événement religieux fêtiez-vous spécialement?

Célébriez-vous l'Halloween, Noël, le jour de l'An, Pâques, la fête nationale?

Quelles autres fêtes préfériez-vous particulièrement? Pourquoi?

Pouvez-vous en décrire une? Avait-elle lieu chez vous? Qui était invité?

Que préparait votre mère?

À quoi ressemblait un dimanche typique?

Passiez-vous vos vacances en famille et comment?

Quels plats votre mère cuisinait-elle le plus souvent? Lequel aimiez-vous le plus? Essayez de décrire les plaisirs que vous en retiriez.

Autres contextes

Qui étaient vos amis et quels étaient vos jeux?

Y avait-il des personnages spéciaux ou des voisins typiques dans votre quartier ou votre rue? Faites-en la description.

Pouvez-vous décrire la maison de votre enfance? Votre quartier?

Avez-vous déménagé? Où?

Quel impact cela a-t-il eu sur vous? Avez-vous eu du mal à vous réadapter à votre nouvel environnement? Pourquoi et comment y êtes-vous arrivé?

Comment avez-vous renoué des amitiés?

Avez-vous fait des voyages mémorables? Où? Partagez vos expériences. Vous ont-ils marqué, pourquoi et comment?

Conclusion

Comment pourriez-vous qualifier votre petite enfance (heureuse, malheureuse, douce, difficile, pauvre...)? Décrivez l'atmosphère en deux ou trois paragraphes.

Votre enfance (6 à 11 ans): vos années d'école

La routine

Pensez à une journée d'école typique.

À quelle heure vous leviez-vous?

Qui vous réveillait?

Que mangiez-vous au petit déjeuner?

À quelle heure quittiez-vous la maison?

Aviez-vous des tâches à remplir avant l'école comme nourrir les animaux, faire la vaisselle...?

À midi, mangiez-vous à la maison ou emportiez-vous une boîte à lunch?

Quelle était la routine à l'école même?

L'environnement

Vous rappelez-vous de votre école? Y avait-il un terrain de jeux? Faites-en la description détaillée.

Vous y rendiez-vous à pied, en bus ou en voiture avec vos parents? Il vous est probablement arrivé des mésaventures sur le chemin de l'école. Racontez-les.

Viviez-vous dans une région où l'on fermait les écoles à cause du mauvais temps? Écrivez quelques paragraphes sur une journée de vacances inattendue. Vous souvenez-vous de conditions météorologiques marquantes (inondation, chaleur étouffante...)?

Quel était le nom de votre premier enseignant?

À quoi ressemblait-il? Était-il gentil, sévère? Quel était le ton de sa voix?

Quels furent vos différents professeurs?

Quel est celui qui vous a le plus marqué? Pourquoi?

L'affectivité

Était-ce votre père ou votre mère qui vous a accompagné lors de votre premier jour d'école? Avez-vous pleuré lorsqu'il ou elle est parti? Pourquoi?

Est-ce qu'à l'école quelqu'un vous a encouragé à étudier? Décrivez cette personne et comment elle vous a stimulé.

Au contraire, un professeur vous a-il infligé une punition, ce fait entraînant chez vous une attitude négative? Avez-vous été humilié devant vos amis ou bien avez-vous été aidé par un enseignant qui voyait votre potentiel? Essayez de raconter une de ces expériences.

Aviez-vous un surnom ou un diminutif? L'aimiez-vous ou le détestiez-vous?

Est-ce que vous vous l'étiez donné ou l'aviez-vous demandé?

Qui étaient vos premiers bons amis? Donnez leurs noms et faites-en une description sommaire.

Aviez-vous un ami préféré ou un ennemi? Faites son portrait.

Les apprentissages

Vous rappelez-vous des leçons que l'on vous a enseignées?

Quand avez-vous appris à lire et quel était votre premier livre de lecture (bandes dessinées, livre d'un frère ou d'une sœur plus âgée, Bible ou catéchisme...)?

Quelle était votre matière préférée? A-t-elle déterminé votre carrière?

Pensiez-vous à votre avenir professionnel? En quels termes?

Avez-vous eu de mauvais bulletins? Quelle a été la réaction de vos parents? Avez-vous été puni?

Pourriez-vous résumer les faits importants ou les plus grandes leçons que vous avez tirées de vos années de petite école?

Quels jeux et aventures partagiez-vous avec vos amis?

Après l'école, pratiquiez-vous des activités comme des sports, de la musique ou faisiez-vous partie d'une organisation sociale comme les scouts? Ou bien rentriez-vous directement à la maison pour accomplir des tâches ou aider vos parents?

Avez-vous joué un coup pendable pour lequel vous n'avez pas été puni?

Un acte merveilleux ou vertueux vous a-il fait gagner l'admiration de votre communauté (un solo à l'église, un sauvetage des flammes, un premier prix)?

Avez-vous fait l'école buissonnière? Ou fugué?

La transition

Vers 10 ans, un changement s'est produit. C'est la transition de la petite enfance à la pré-adolescence.

Vous en souvenez-vous et comment vous sentiez-vous?

Pratiquiez-vous des activités encore interdites aux jeunes enfants? Lesquelles?

Conclusion

Votre souvenir global de la petite école est-il plutôt positif, heureux ou négatif, humiliant, difficile...? Dites quelques mots de cette période.

Votre adolescence (11 à 16 ans)

À l'adolescence, avez-vous essayé de vous démarquer comme individu, en fumant par exemple? Si oui, de quelle manière?

Qu'avez-vous fait d'autre pour grandir plus vite (rouge à lèvres, soutien-gorge, moustache...)?

Étiez-vous passionné et prêt à tout? Parlez des avantages ou des inconvénients selon le cas.

Aviez-vous le goût de l'aventure? Comment s'est-il traduit?

Comment vous définissiez-vous? Et votre famille?

Avez-vous adopté un certain style vestimentaire, une coupe ou une teinte de cheveux particulière? Faites votre portrait.

Étiez-vous plutôt rebelle ou conformiste? Donnez des exemples.

Que pensiez-vous de votre apparence physique?

Vous trouviez-vous trop maigre, trop gros, trop grand, etc.? Qu'est-ce que vous auriez aimé changer?

Qui étaient vos héros, vos héroïnes? Pourquoi?

Qui vous a servi de modèle? Un professeur, un de vos parents, un athlète, un chanteur, un politicien, un écrivain, un musicien?

Faites une liste et écrivez quelques phrases à propos des gens qui vous ont influencé durant votre jeunesse.

Que pensiez-vous de Dieu?

Suiviez-vous la religion de vos parents ou aviez-vous la vôtre?

Êtes-vous tombé amoureux durant cette période?

Vous souvenez-vous de votre premier rendez-vous galant et du lieu (restaurant, cinéma...)? Écrivez quelques paragraphes sur cette rencontre importante.

Faisiez-vous partie d'un gang? Si oui, quel genre?

Y avez-vous rencontré des personnages particuliers? Décrivez-les.

Nommez les activités auxquelles vous participiez.

Parmi vos sujets de conversation, lesquels revenaient le plus fréquemment?

L'environnement familial et scolaire

Quels étaient vos rapports avec vos parents, vos frères et sœurs?
Étiez-vous plus proche de votre mère ou de votre père? Pourquoi?
Acceptiez-vous l'autorité parentale? De quelle façon la contourniez-vous?
Quelles règles deviez-vous suivre?
Les trouviez-vous raisonnables ou inutiles? Pourquoi?
Préfériez-vous les parents de certains amis? Pourquoi?
À l'école, quelles matières aimiez-vous? Donnez les raisons de cet intérêt.
Quels livres lisiez-vous? Résumez celui qui vous a le plus marqué et pourquoi.
Vous étiez-vous fixé des buts? Les avez-vous atteints? Comment y êtes-vous arrivé?
Certains de vos rêves se sont-ils réalisés? Lesquels?

Autres

Avez-vous fait de l'auto-stop ou pris un train de marchandises illégalement? Racontez l'expérience.
Où avez-vous voyagé, comment, pourquoi et pendant combien de temps?
Par la suite, votre vision du monde a-t-elle changé?
Si vous n'avez pas voyagé, rêviez-vous de le faire? Comment et où?
Que désiriez-vous découvrir?
Quels étaient vos sports favoris, vos intérêts et vos hobbies?
Durant votre adolescence, est-ce que vous ou quelqu'un de proche (ami, famille) a été malade, accidenté, hospitalisé? Comment avez-vous vécu cet incident?
Avez-vous connu quelqu'un qui est décédé durant cette période de votre vie?
Comment ce triste événement vous a-t-il affecté?
Avez-vous déménagé? Où?
Vous êtes-vous facilement adapté à votre nouveau lieu d'habitation?
Comment avez-vous recréé votre environnement social?

Conclusion

En regardant votre adolescence, diriez-vous que ces années ont été les plus difficiles ou celles où vous avez été le plus heureux?

Avez-vous eu de la difficulté à vous affirmer, à trouver votre place dans la famille, parmi vos amis et vos connaissances, dans la société? Cette période importante mériterait du temps et de la place dans vos mémoires. Essayez d'en dépeindre le climat affectif, scolaire et familial en quelques pages.

Votre jeunesse (16 à 21 ans)

Si vous avez poursuivi des études

Pourquoi avez-vous choisi un collège en particulier?

Était-ce à cause de l'endroit, des matières enseignées, parce que votre père y avait étudié ou pour des raisons financières?

Ou bien avez-vous suivi votre meilleur ami?

En entrant au collège, aviez-vous le choix d'une carrière? Pourquoi vous attirait-elle?

En cours de route, avez-vous changé d'orientation? Qu'est-ce qui a provoqué ce changement?

Avez-vous obtenu un diplôme? Si oui, lequel? Si non, pourquoi?

Combien de temps avez-vous étudié?

Travailliez-vous en même temps? Où? Décrivez l'atmosphère de travail.

Si vous viviez sur le campus, décrivez-le ainsi que votre chambre.

Cette nouvelle indépendance vous excitait-elle? Pourquoi?

Vous rappelez-vous de vos aventures romantiques, de vos compagnons de chambre ou de résidence?

Les amitiés que vous avez créées ont-elles été solides? Parlez-en.

Les études vous ont-elles aidé à devenir adulte?

Vous ont-elles préparé au marché du travail?

Si vous étiez dans la vie active

Ayant eu à assumer des responsabilités d'adulte avant l'âge? Parlez de votre jeunesse à ce moment-là.

Jusqu'à quel âge êtes-vous allé à l'école?

Pourquoi l'avez-vous quittée et qu'est-il arrivé juste après?

Si cela avait été possible, auriez-vous poursuivi vos études? Qu'auriez-vous aimé faire?

Le manque d'éducation a-t-il été un handicap dans votre vie? Expliquez pourquoi.

Aviez-vous un emploi? L'aimiez-vous? Donnez les pour et les contre.

Quel était votre salaire?

Avez-vous changé d'emploi, une ou plusieurs fois? Pour quelles raisons?

Quels avantages pensez-vous avoir acquis en entrant précocement dans la vie active?

Dans les deux situations

Viviez-vous chez vos parents?

Quels étaient vos rapports avec eux et avec le reste de la famille? Racontez votre quotidien.

Aimiez-vous les traditions? Pourquoi?

Quelles traditions ou fêtes avez-vous maintenues, adoptées ou abandonnées durant cette période?

Avez-vous voyagé à cette époque-là? Racontez vos voyages en détail. Si oui, où, combien de temps et pour quelles raisons?

De quelle façon les progrès scientifiques influençaient-ils votre qualité de vie?

Est-ce que vous ou un de vos proches a eu des problèmes de santé? Lesquels? Quelles ont été les conséquences?

Avez-vous eu des hobbies, pratiqué des sports? Lesquels?

Combien de temps y consacriez-vous?

Quels bénéfices en retiriez-vous?

Conclusion

De qui avez-vous beaucoup appris? Qu'avez-vous découvert?

Qui vous a aidé, conseillé durant ces jeunes années?

Si vous pouviez recommencer, que changeriez-vous de cette période de votre vie?

Comment êtes-vous passé de l'enfance à la vie adulte?

Est-ce que cela a été facile, agréable, difficile, douloureux? Pourquoi?

La vie adulte (21 à 40 ans)

L'amour

Décrivez les qualités physiques et psychologiques du compagnon ou de la compagne idéale.

Est-ce que ce sont d'autres qualités qui vous ont attiré?

Quelles parties importantes de la vie vouliez-vous partager avec ce partenaire?

Des personnes vous ont-elles aimé sans que ce soit réciproque? Que faisaient-elles pour vous manifester leur amour (fleurs, téléphone, regard, invitation...)?

Quels rapports entreteniez-vous avec elles? Vous sentiez-vous à l'aise?

Combien de personnes avez-vous aimées? Faites le portrait physique et psychologique de chacune d'elles.

Entretenez-vous encore des rapports avec ces personnes?

Avez-vous déjà vécu le coup de foudre? Décrivez ce moment.

Quand avez-vous rencontré l'âme sœur? Où? Au travail, dans un café, à l'église?

Y avait-il d'autres témoins?

Comment avez-vous été présentés l'un à l'autre?

Est-ce elle ou vous qui l'avez séduit? Comment?

Que portait-elle?

Êtes-vous allés danser ou dîner? Comment la soirée s'est-elle déroulée?

Quels ont été vos premiers échanges?

Combien de temps ont duré vos fréquentations? Donnez des détails.

Vous souvenez-vous de quiproquos? Racontez ces situations loufoques.

Qu'est-ce qui vous a le plus attiré et déplu chez cette personne?

Y a-t-il eu des problèmes à cause de la religion ou du statut social? Évoquez-les.

Quand avez-vous réalisé que c'était sérieux? Au bout de combien de temps?

Quand et comment avez-vous rencontré vos amis et familles respectifs?

L'âme sœur a-t-elle été acceptée dans les deux milieux?

Quand avez-vous décidé de vivre ensemble?

Avez-vous eu des fiançailles formelles?

Regardez votre album de mariage si vous en avez un pour vous remémorer plus facilement ces moments-là.

Évoquez le jour de votre mariage. Où et quand a-t-il eu lieu? Comment étiez-vous habillé?

Décrivez votre état d'âme (angoissé, excité, heureux, nerveux)?

Qui étaient vos témoins, vos invités?

Tout s'est-il passé comme prévu ou y a-t-il eu un incident particulier?

Êtes-vous partis en voyage de noces et où?

Pourquoi avez-vous choisi cet endroit?

Quelles activités avez-vous pratiquées (tourisme, sports, etc.)?

Voulez-vous parler de votre nuit de noces?

Votre divorce s'est-il réglé à l'amiable ou très difficilement?

Comment vous êtes-vous senti avant, pendant et après les démarches?

Quelle serait d'après vous la cause principale de ce divorce?

Si c'était à refaire, que feriez-vous pour l'éviter?

Pourquoi vous êtes-vous remarié (divorce, décès, séparation)?

Ou pourquoi avez-vous décidé de partager de nouveau votre vie?

Dans quelle mesure cet autre mariage a-t-il été différent du premier?

Êtes-vous resté célibataire par choix ou pour d'autres raisons, par exemple des obligations familiales?

Quels ont été les avantages?

Avez-vous connu et souffert de périodes de solitude?

Faisiez-vous partie de groupes sociaux ou communautaires? Lesquels? Quelles étaient les activités à l'intérieur de ces groupes?

En amour, êtes-vous plutôt rationnel ou passionné?

Pouvez-vous donner une définition de l'amour?

Les enfants

Quand et où sont nés vos enfants (noms, dates et lieux de naissance)?

Comment s'est passé chaque accouchement? Et les grossesses?

Avez-vous vécu des moments loufoques ou dramatiques?

Quel a été l'impact d'avoir des enfants sur les plans émotif et financier?

Votre vie de couple a-t-elle été perturbée?

Avez-vous centré votre vie sur eux? Quels sacrifices avez-vous faits?

Vous souvenez-vous d'un moment où vous avez été très fier de vos enfants? Ou le contraire?

Y a-t-il eu un événement dramatique dans la vie d'un de vos enfants qui a changé à jamais sa relation avec vous? Comment a-t-elle changé?

Quelle discipline aviez-vous instaurée? Étiez-vous sévère, libéral? Donnez des exemples.

Qu'avez-vous transmis à vos enfants que vos parents vous avaient eux-mêmes transmis (objets, croyances, traits physiques et psychologiques)?

Allez-vous pouvoir léguer quelque chose d'important à vos enfants (ce livre, un héritage, des valeurs culturelles, etc.)?

Avez-vous aimé votre vie de parents? Pourquoi?

Si vous deviez recommencer, que changeriez-vous?

Vous êtes-vous déjà senti coupable de ne pas leur avoir consacré assez de temps à cause de votre emploi ou pensez-vous les avoir trop gâtés? Expliquez-vous.

Chaque enfant est unique. Écrivez quelques phrases à propos de chacun d'eux.

Quels talents semblaient-ils avoir? Qu'aimaient-ils ou que détestaient-ils faire? Avaient-ils des défauts ou des comportements qui vous faisaient rire?

Vous souvenez-vous de certaines fêtes? Racontez-en une.

À quelle école sont-ils allés?

Aimaient-ils l'école et avaient-ils de bons résultats? Ou l'inverse? Que préféraient-ils étudier?

Ont-ils participé à des activités parascolaires, par exemple à une pièce de théâtre?

Connaissiez-vous bien leurs enseignants? Quels rapports aviez-vous avec eux?

Vos enfants en tant qu'adultes

Quelle influence a marqué vos enfants tard dans leur vie d'adultes?

De leur enfance, ont-ils gardé certains traits de personnalité? Lesquels?

Que sont-ils devenus (mariage, carrière, enfants)?

Actuellement, voyez-vous souvent vos enfants et petits-enfants? Vivent-ils près de chez vous ou en région éloignée? À quelles occasions viennent-ils vous voir?

Les aidez-vous encore et de quelle façon? Suivent-ils vos conseils?

Quelle relation d'adulte entretenez-vous avec eux?

Pensez-vous qu'ils vont s'occuper de vous lorsque vous serez vieux? Comment vous sentez-vous face à cette situation?

Si vous pouviez donner un conseil à vos enfants aujourd'hui, quel serait-il?

Pour les aider à surmonter certains problèmes, que pourriez-vous faire?

Trouvez-vous que vos enfants et petits-enfants ont une qualité de vie meilleure, pire ou égale à la vôtre?

Le monde d'aujourd'hui est-il meilleur et plus sûr pour vos enfants? Développez vos idées en quelques paragraphes.

Le travail à l'extérieur

Quelle est ou a été votre carrière?

Avez-vous suivi une formation précise pour faire votre travail? Laquelle?

Est-ce le hasard, vos goûts personnels, vos intérêts ou la conjoncture économique qui vous ont conduit dans ce champ d'activités?

Comment avez-vous obtenu cet emploi?

Ou comment avez-vous démarré votre entreprise?

Quel a été le montant de votre premier chèque de paie? Comment vous sentiez-vous cette journée-là?

Évoquez les différentes étapes de votre vie professionnelle.

Si vous avez exercé plusieurs métiers, expliquez pourquoi.

Quelles ont été les réalisations dont vous avez été le plus fier?

Avez-vous eu de grandes déceptions ou des projets qui ont échoué? Lesquels?

Si vous le pouviez, quelles décisions prendriez-vous différemment?

Qui étaient vos collègues de travail? Brossez leurs portraits.

Avez-vous apprécié leur compagnie et vous souvenez-vous d'anecdotes?

Combien de temps vous êtes-vous côtoyés?

Décrivez le patron qui vous a embauché, le ou les employés que vous avez engagé(s).

Le travail à la maison

Avez-vous eu la responsabilité d'élever les enfants? Pourquoi?

Quelle a été la partie la plus difficile dans l'éducation des enfants?

Aimiez-vous vous occuper de la maison, faire la cuisine ou détestiez-vous cela? Pourquoi? Aviez-vous d'autres priorités?

Lorsque les enfants sont partis, comment vos activités se sont-elles transformées?

L'argent a-t-il été facile à gagner ou était-il un souci constant?

Si vous étiez aujourd'hui une jeune personne débutante, quels conseils aimeriez-vous recevoir?

Les amis

Pendant ces années-là, avez-vous noué des liens d'amitié?

Qui étaient vos amis? Donnez des détails sur leur date de naissance, leur niveau d'éducation, leur famille, leurs enfants, leur emploi...

Dans quelles circonstances vous êtes-vous rencontrés?

Étaient-ce des voisins, des collègues, les parents d'amis de vos enfants, des membres de la même église, du même club sportif, d'un même parti politique?

Aviez-vous conservé des amis d'enfance? Décrivez-les.

En amitié, quels ont été les moments forts? Vous rappelez-vous de fêtes mémorables?

Vos amis ont-ils enrichi votre vie par le rire, la compassion, le partage de fêtes, par une présence sécurisante, aimante et respectueuse...?

Avez-vous contribué à la richesse de leurs existences? De quelle façon?

Connaissez-vous leurs opinions sur vous? À quelle occasion vous ont-ils parlé? Racontez ce moment spécial.

Qu'ont-ils tous en commun? Est-ce une vertu comme l'honnêteté ou la franchise, une passion comme la moto, le hockey ou l'artisanat ou encore une orientation politique qui vous ont réunis?

Voyez-vous votre conjoint comme un ami? Expliquez jusqu'à quel point.

En quelques mots, comment définiriez-vous l'amitié?

Où se situe-t-elle dans votre échelle des valeurs?

Autres faits

Quel était le niveau scientifique de l'époque?

Quelles découvertes ou inventions ont marqué cette période de votre vie?

En quoi ont-elles influencé votre quotidien et votre vision du monde?

Est-ce que vous ou un de vos proches a été malade, accidenté ou hospitalisé?

Quelles en ont été les conséquences pour vous ou vos proches?

Y a-t-il eu des décès dans vos proches et votre famille? Comment vous ont-ils affecté?

Avez-vous déménagé durant cette période? Où et pourquoi?

Est-ce que ce déplacement a été difficile pour votre famille et pour vous-même?

Avez-vous voyagé durant ces années-là?

Étaient-ce des voyages d'affaires ou du tourisme?

Où êtes-vous allé et pendant combien de temps?

Qui vous accompagnait?

Quelles fêtes et traditions célébriez-vous? Pourquoi et comment?

Étaient-elles l'occasion d'un festin? Quel plat traditionnel mangiez-vous?

Aimiez-vous ces traditions ou vouliez-vous faire plaisir aux enfants?

Laquelle était votre favorite?

Quels sports pratiquiez-vous? Seul ou en famille?

Aviez-vous un passe-temps favori? Lequel? Donnez les raisons de ce choix.

Participiez-vous à des activités familiales? Avec d'autres couples?

Que vous apportaient-elles?

Quels sports, hobbies ou divertissements auriez-vous rêvé de pratiquer? Pourquoi?

De quelle nature étaient les rapports avec vos parents? Vous sentiez-vous proche ou éloigné?

Aviez-vous de bonnes relations avec votre famille et avec votre belle-famille? Parlez de ces relations en général.

Était-ce une période harmonieuse ou agitée? Essayez d'en faire le résumé.

La force de l'âge (40 à 60 ans)

À 40 ans, quel bilan de votre vie pouviez-vous faire?

Comment avez-vous marqué cette étape de votre vie, si vous l'avez fait? Une fête, un voyage, etc.?

Pour quelle entreprise travailliez-vous?

Aviez-vous atteint des échelons élevés? Cela a-t-il été facile?

Avez-vous conservé vos assises professionnelles jusqu'à la retraite? Si non, pour quelles raisons?

Un changement de carrière a-t-il été nécessaire? Pourquoi?

Quelle nouvelle orientation avez-vous choisie?

Que vous a apporté ce virage?

Quels hobbies et quels sports pratiquiez-vous?

Est-ce que ces activités étaient importantes pour vous? Pourquoi?

Depuis combien de temps étiez-vous marié?

Vos relations de couple se sont-elles transformées? Comment? De quelle nature était le lien qui vous unissait?

Vous êtes-vous rapproché ou éloigné de vos parents? Pourquoi?

Deviez-vous vous occuper d'eux, pour des raisons de santé, par exemple?

Quelle était votre relation avec vos enfants, vos petits-enfants?

À quelle occasion les voyiez-vous? Quelles activités faisiez-vous avec eux?

À la maison, avez-vous eu à prendre soin d'une personne âgée ou d'un enfant qui s'éternisait? Comment avez-vous composé avec cette situation?

Vous êtes-vous senti déprimé? Si oui, pendant combien de temps?

Quels sont les aspects négatifs de ce tournant important?

Avez-vous connu des changements dramatiques? Lesquels?

Avez-vous entrepris de vivre une deuxième jeunesse?

Quelles leçons primordiales avez-vous apprises entre vos années de jeunesse et la quarantaine?

Pourriez-vous vous décrire physiquement à 40 ans et parler des changements qui sont survenus comme, par exemple, la perte de cheveux, les rides?

Étiez-vous en bonne santé? Quels petits bobos ont commencé à apparaître?

Deviez-vous suivre un traitement? Pour quelles raisons?

La maladie était-elle une de vos préoccupations? Si oui, pourquoi?

Quelles furent les innovations technologiques qui ont modifié votre façon de vivre?

Quels plans et quels projets avez-vous entrepris pour améliorer la deuxième moitié de votre vie?

Conclusion

Comment qualifieriez-vous cette période de votre vie? Calme, agitée, monotone, excitante, déstabilisante, stabilisante...? Décrivez-la brièvement.

La retraite (après 60 ans)

Comment envisagiez-vous la retraite?

Était-ce pour vous l'occasion de profiter enfin de la vie? De quelle manière?

Aviez-vous des appréhensions ou bien avez-vous sauté de joie ce jour-là?

Est-ce que cela s'est fait soudainement ou avez-vous eu le temps de la planifier?

Avez-vous, par exemple, décidé de changer de lieu d'habitation? Pour quelle raison?

La vieillesse vous fait-elle peur? Esssayez d'en donner les raisons.

Qu'est-ce qui vous tracasse le plus actuellement?

Y a-t-il des choses qui, autrefois, étaient importantes pour vous et qui ne le sont plus aujourd'hui? Lesquelles?

Vous sentez-vous seul? Comment faites-vous pour éviter la solitude?

Quels sont les hobbies, passe-temps ou passions qui occupent votre retraite?

Faites-vous des choses que vous n'avez jamais pu faire lorsque vous travailliez et éleviez une famille? Lesquelles?

Le bénévolat est-il une de vos activités? Pourquoi?

Avez-vous débuté une seconde carrière? Décrivez ce nouveau milieu de travail.

Occupez-vous un emploi à temps partiel? Lequel?

Voyagez-vous beaucoup? Si oui, où êtes-vous allé?

Donnez des détails du voyage le plus récent ou de celui que vous avez le plus aimé.

Préférez-vous voyager en groupe organisé ou seul? Pourquoi?

Pendant vos voyages, avez-vous eu à faire face à des incidents malheureux (vol, maladie ou accident) ou drôles? Racontez-les.

Où aimeriez-vous retourner?

Quelles autres destinations vous attirent? Pourquoi?

Quelle a été ou quelle est la personne que vous avez le plus appréciée? Parlez d'elle et de vos meilleurs moments ensemble.

Avez-vous gardé des contacts avec vos anciens collègues de travail? Vous rendez-vous visite? Quelles activités partagez-vous?

Qui sont actuellement vos amis et vous voyez-vous souvent?

Êtes-vous encore marié? Comment s'est transformée votre relation avec votre partenaire de vie?

Est-ce un ajustement difficile? Ou bien êtes-vous devenus plus complices?

Êtes-vous veuf? Divorcé? Comment vivez-vous cette situation?

Pensez-vous vous remarier? Pourquoi?

Quelles sont vos relations avec vos enfants et vos petits-enfants et qu'aimez-vous faire avec eux?

Que vous apporte votre rôle de grand-père ou de grand-mère?

Quelles sont les personnes qui ont le plus marqué votre vie?

Quels aspects ont-elles le plus influencé et de quelle façon?

Quel a été votre parcours en ce qui concerne votre santé?

Que faites-vous pour rester en bonne santé? Utilisez-vous certains remèdes de grand-mère? Donnez des recettes.

Quels sont vos projets?

Aimeriez-vous vivre de nouvelles expériences? Lesquelles?

Pour que votre vie soit complète, que vous reste-t-il à réaliser?

Est-ce que votre autobiographie va faire partie de votre héritage? Pourquoi?

Quels conseils sur la vie donneriez-vous à de jeunes personnes?

Que suggéreriez-vous pour entretenir une relation amoureuse?

Quelles qualités faut-il rechercher chez un partenaire de vie?

Avez-vous des recommandations pour avoir une vie professionnelle satisfaisante et vivre une retraite heureuse?

Vous-même, que feriez-vous différemment si vous aviez une deuxième chance?

Que changeriez-vous pour éviter les malheurs que vous avez connus?

Quels sont les choix majeurs qui ont changé le cours de votre vie? Sans eux, quel tournant aurait-elle pris?

Avez-vous des regrets, des remords?

Conclusion

Pourquoi avez-vous voulu écrire vos mémoires?

Que vous a apporté le fait de les rédiger?

Si vous deviez résumer en une phrase ce qui est important dans la vie, que diriez-vous?

BIBLIOGRAPHIE GÉNÉRALE

FARIBAULT-BEAUREGARD, M. et E. BEAUREGARD-MALAK. *La généalogie,* Montréal, Les Éditions de l'Homme, 1987.

FLETCHER, William P. *Recording your Family History,* Berkeley, Ten Speed Press, 1989.

GAUVIN, L. et L. MAILHOT. *Guide culturel du Québec,* Montréal, Boréal Express, 1982.

LARMINIE, Philippe. *Méthode d'autobiographie,* Boulogne, AI Éditions, 1982.

LIEBERMAN, Morton A. et Sheldon S. TOBIN. *The experience of old age,* New York, Basic Books Inc, Publishers, 1983.

MUNGO, Ray. *Your Autobiography,* Toronto, Maxwell Macmillan, 1994.

PINEAU, Gaston. *Produire sa vie: autoformation et autobiographie,* Paris, Édilig; Montréal, Éditions Saint-Martin, 1983.

PIVOT, Bernard (sous la direction de). *La bibliothèque idéale,* Paris, Albin Michel, 1988.

POIRIER, J., S. CLAPIER-VALLANDON, P. RAYBAUT. *Les récits de vie,* Paris, PUF, 1993.

THOMAS, Frank. *How to write the story of your life,* Cincinnati, Writer's Digest Books, 1984.

Union des écrivaines et écrivains québécois. *Le métier d'écrivain,* Montréal, Les Éditions du Boréal, 1993.

BIBLIOGRAPHIE SPÉCIFIQUE

Quelques livres utiles pour écrire vos mémoires

Le Petit Robert. Le *Petit Larousse illustré* ou un autre dictionnaire fera l'affaire.

Dictionnaire des synonymes et des antonymes Larousse.

Le Nouveau Bescherelle de conjugaison.

COLPRON, Gilles. *Dictionnaire des anglicismes,* Laval, Beauchemin, 1982.

DOURNON, Jean-Yves. *Le Grand Dictionnaire des citations françaises,* Paris, Acropoles, 1982.

FOREST, Gilbert. *Dictionnaire des citations québécoises,* Montréal, Québec/Amérique, 1994.

STICKLAND, David (choisies par). *Dictionnaire de citations de la littérature québécoise,* Ottawa, Éditions La Presse, 1974.

TABLE DES MATIÈRES

imprimerie gagné ltée

IMPRIMÉ AU CANADA